EDUCANDO MENINOS

FORJANDO O CARÁTER DE MENINOS PARA SE TORNAREM HOMENS DE DEUS

Direção Geral
Adriel Ribeiro Penkal

Coordenador Editorial
Cristiano Braz Jorgini
Giovanna Felipe

Coordenador de Diagramação
Rebeca Massaro de Lima

Assistente Editorial
Isabelle S. Alves
Carmozina Joyce

Projeto Gráfico
Hendrick Ventura

Diagramação
Hendrick Ventura

Capa
Isabela Michels

Dados Internacionais de Catalogação na Publicação (CIP)
(Câmara Brasileira do Livro, SP, Brasil)

Educando Meninos : forjando o caráter de meninos para se tornarem homens de Deus / Editora Penkal. -- Londrina, PR : Livrarias Família Cristã, 2024.

ISBN 978-65-277-0177-4

1. Criação de crianças - Aspectos religiosos - Cristianismo 2. Educação cristã de crianças 3. Filhos - Criação 4. Homens - Aspectos religiosos - Cristianismo 5. Pais e filhos - Aspectos religiosos - Cristianismo 6. Pais e filhos - Relacionamento I. Editora Penkal

24-233799 CDD-268

Índices para catálogo sistemático:

1. Educação cristã 268

Eliete Marques da Silva - Bibliotecária - CRB-8/9380

R. Antônio Sabino, 203 - Parque Industrial - Ibiporã - PR
www.livrariasfamiliacrista.com.br

EDUCANDO MENINOS

FORJANDO O CARÁTER DE MENINOS PARA SE TORNAREM HOMENS DE DEUS

Penkal
TUDO EM LIVROS, LIVROS PARA TODOS.

Sumário

Introdução

Criar e educar meninos à luz da Palavra de Deus é uma das tarefas mais importantes que pais e líderes espirituais podem realizar. Em um mundo que constantemente distorce valores e redefine o que significa ser homem, é essencial que os meninos sejam ensinados desde cedo a viver de acordo com os princípios divinos. Este livro foi desenvolvido para fornecer uma base sólida, apresentando temas bíblicos fundamentais para a formação do caráter, da fé e da vida prática.

Ao longo dos capítulos, exploramos diversas áreas que moldam o coração e a mente dos meninos, desde a importância de desenvolver uma fé sólida até a necessidade de viver com integridade, responsabilidade e amor ao próximo. Cada tema foi cuidadosamente escolhido para refletir os valores encontrados nas Escrituras e oferecer orientações práticas para a vida cristã.

Este livro não é apenas destinado aos meninos, mas também aos pais, mentores e líderes que desejam adotar uma abordagem intencional na formação espiritual de suas crianças. Sabemos que educar meninos nos caminhos do Senhor exige sabedoria, paciência e dedicação. Por isso, em cada capítulo, oferecemos exemplos bíblicos e versículos-chave que podem ser utilizados para ensinar e guiar o coração de um menino em sua jornada espiritual.

Selecionamos personagens bíblicos e histórias que demonstram como a fé em Deus pode moldar o destino de uma pessoa. Esses exemplos foram escolhidos para inspirar os meninos a crescerem como líderes, servos e seguidores fiéis de Cristo, prontos para enfrentar os desafios da vida com coragem e confiança no Senhor.

Nossa oração é que este livro seja um recurso valioso em suas mãos, ajudando a plantar as sementes da fé e do caráter no coração dos meninos, para que cresçam conhecendo a Deus e cumprindo o propósito divino em suas vidas. Que cada tema aqui apresentado fortaleça os pais e responsáveis, capacitando-os a ministrar ao coração de seus filhos, para que se sintam equipados e preparados para conduzir esta geração no caminho da verdade.

Vamos juntos nesta missão de formar meninos à imagem de Cristo, sabendo que o trabalho que realizamos hoje terá um impacto eterno.

PARTE 1: IDENTIDADE E CARÁTER EM CRISTO

Capítulo 1
Identidade em Cristo

Versículo-chave: "Portanto, se alguém está em Cristo, é nova criação. As coisas antigas já passaram; eis que surgiram coisas novas!"
—(2 Coríntios 5:17)

A identidade de um menino, segundo a Bíblia, não é determinada por suas conquistas, habilidades ou pela opinião dos outros. Em Cristo, nossa verdadeira identidade é revelada, e somos feitos novas criações. Isso significa que, ao aceitarmos Cristo, nossas vidas são transformadas e moldadas à imagem de Deus. Somos libertos das amarras do passado e passamos a viver uma nova realidade espiritual.

Essa nova identidade baseia-se no fato de sermos filhos de Deus. Ao aceitarmos Jesus como Senhor e Salvador, recebemos o Espírito de adoção, pelo qual clamamos: "Aba, Pai" (Romanos 8:15). Isso nos coloca em uma posição de intimidade e segurança, sabendo que Deus nos ama incondicionalmente e nos chama para sermos Seus filhos amados.

Viver de acordo com nossa nova identidade em Cristo significa abandonar as velhas formas de viver e adotar um novo estilo de vida. Isso envolve a renovação da mente e o alinhamento de nossos pensamentos com a Palavra de Deus. Romanos 12:2 nos lembra de que não devemos nos conformar com o padrão deste mundo, mas sermos transformados pela renovação da mente. Por meio dessa renovação, podemos viver de acordo com quem realmente somos em Cristo.

Muitas vezes, os meninos enfrentam desafios na formação de sua identidade, especialmente em um mundo que constantemente lhes apresenta padrões de sucesso baseados em posição, força ou popularidade. No entanto, a verdadeira força e valor de um menino em Cristo vêm de seu relacionamento com Deus, e não das expectativas do mundo. Ele não precisa se provar, pois, em Cristo, ele já é aceito, amado e suficiente.

O exemplo de Jesus nos oferece o modelo perfeito de como viver de acordo com nossa identidade em Deus. Desde jovem, Jesus sabia quem Ele era e qual era Sua missão. Aos 12 anos, Ele já dizia estar ocupado com os negócios de Seu Pai (Lucas 2:49). Da mesma forma, um menino que conhece sua identidade em Cristo vive com propósito, sabendo que sua vida tem valor eterno.

Além disso, viver em Cristo significa que somos chamados para ser embaixadores do Reino de Deus (2 Coríntios 5:20). Isso implica que representamos Jesus no mundo e que nossas ações, palavras e atitudes devem refletir Sua graça e verdade. Essa responsabilidade de ser um reflexo de Cristo molda nossa maneira de viver e interagir com os outros.

Nossa identidade em Cristo também nos capacita a superar os desafios e dificuldades da vida. Como novas criações, temos o Espírito Santo que nos capacita e nos dá poder para viver de maneira vitoriosa. Quando entendemos nossa verdadeira identidade, não nos deixamos abalar pelas circunstâncias, mas confiamos no poder de Deus que habita em nós.

A nova identidade em Cristo nos liberta da escravidão do pecado e nos convida a viver em santidade. Em vez de sermos dominados por desejos pecaminosos, agora temos a liberdade de escolher o que é certo e agradável a Deus. Essa transformação é contínua, à medida que crescemos em nossa caminhada com Cristo e permitimos que Ele molde nosso caráter.

Por fim, nossa identidade em Cristo nos dá segurança eterna. Sabemos que, independentemente do que aconteça, somos salvos pela graça de Deus e temos a garantia da vida eterna. Essa certeza nos traz paz e esperança, pois vivemos com a confiança de que pertencemos a Deus e que nosso destino final é estar com Ele.

Capítulo 2
Obediência a Deus

Versículo-chave: "Se vocês me amam, obedecerão aos meus mandamentos."
—(João 14:15)

A obediência a Deus é uma das formas mais evidentes de expressarmos nosso amor e dedicação a Ele. Quando Jesus afirmou que aqueles que O amam obedeceriam aos Seus mandamentos, Ele nos revelou que a obediência não deve ser vista como uma obrigação, mas sim como uma consequência natural do amor por Deus. Assim como um filho deseja agradar seu pai, nós, como filhos de Deus, devemos nos esforçar para obedecê-Lo com alegria.

O exemplo de Abraão é um dos mais marcantes nas Escrituras quando falamos de obediência. Deus pediu que ele sacrificasse seu único filho, Isaque, e Abraão, em fé, estava disposto a cumprir essa ordem. Ele confiava que Deus sabia o que fazia, mesmo diante de um pedido tão difícil de compreender. Essa entrega total de Abraão refletiu sua confiança plena no Senhor.

Obedecer a Deus nos guia a viver conforme os Seus princípios, mesmo quando o mundo ao nosso redor tenta nos levar em outra direção. Jesus, ao enfrentar as tentações no deserto, demonstrou como a obediência à Palavra de Deus é vital para superar as ciladas do inimigo. Cada vez que foi desafiado, Jesus respondeu com as Escrituras, mostrando Seu compromisso com a vontade de Deus.

Obedecer a Deus nem sempre é simples. Muitas vezes, nos deparamos com decisões difíceis, e o caminho da obediência pode parecer o mais árduo. Mas Deus nos dá a força necessária para seguirmos Sua vontade, e Ele nos recompensa por nossa lealdade. Em Deuteronômio 28, Deus promete bênçãos àqueles que obedecem aos Seus mandamentos, indicando que a obediência resulta em benefícios espirituais e materiais.

Em um mundo que valoriza tanto a independência, muitos jovens podem não compreender o valor da obediência. No entanto, obedecer a Deus não nos aprisiona, mas nos liberta. Quando vivemos segundo as diretrizes que Ele estabeleceu para nosso bem, somos protegidos de escolhas que poderiam nos machucar ou nos afastar Dele.

Obedecer também significa confiar que os caminhos de Deus são sempre melhores que os nossos. Provérbios 3:5-6 nos ensina a confiar no Senhor com todo o nosso coração e a não nos basearmos apenas em nossa própria compreensão. Quando obedecemos, mesmo sem entender completamente, demonstramos nossa confiança em Sua sabedoria e planos para nossas vidas.

Além disso, a obediência é um sinal de maturidade espiritual. À medida que crescemos na fé, aprendemos a obedecer a Deus de forma mais constante. Jesus deixou claro que o verdadeiro amor por Ele se manifesta por meio da obediência aos Seus mandamentos.

Cada vez que obedecemos a Deus, nossa fé se fortalece. Ao nos comprometermos com pequenas ações de obediência, experimentamos a fidelidade de Deus em nos guiar e abençoar. Isso nos aproxima mais Dele e nos permite vivenciar Suas promessas de maneira mais intensa.

Por fim, nossa obediência é uma luz para o mundo. Quando as pessoas ao nosso redor veem nossa fidelidade a Deus, mesmo nos momentos difíceis, elas são impactadas. A nossa obediência pode ser um testemunho poderoso, revelando o amor e o caráter de Deus.

Capítulo 3
Confiança no Senhor

Versículo-chave: "Confie no Senhor de todo o seu coração e não se apoie em seu próprio entendimento; reconheça o Senhor em todos os seus caminhos, e ele endireitará as suas veredas."
—(Provérbios 3:5-6)

Confiar no Senhor é um dos fundamentos da vida cristã. Essa confiança nos permite entregar nossas preocupações, medos e dúvidas nas mãos de Deus, confiantes de que Ele está no controle de tudo. Quando depositamos nossa fé no Senhor de todo o coração, aprendemos a depender da Sua sabedoria, em vez de nos apoiarmos em nosso próprio entendimento, o que nos guia ao caminho da paz e da segurança.

Davi é um exemplo inspirador dessa confiança em Deus. Desde jovem, ele enfrentou desafios aparentemente impossíveis. Ao encarar o gigante Golias, Davi confiou totalmente que Deus o capacitaria a vencer, mesmo quando todos ao seu redor duvidavam de suas habilidades. Essa fé inabalável no poder de Deus nos encoraja a enfrentar nossos próprios "gigantes" com coragem e fé.

Confiar no Senhor também nos permite descansar em Sua soberania, especialmente em tempos de incerteza. Muitas vezes nos deparamos com situações em que não vemos uma solução clara, mas em Provérbios 3:5-6 somos lembrados de que não precisamos confiar no nosso entendimento. Deus promete que, se O reconhecermos em nossos caminhos, Ele nos guiará e endireitará as nossas veredas.

Essa confiança também nos ajuda a entregar nossas ansiedades a Deus. Em Filipenses 4:6-7, aprendemos que não devemos andar ansiosos, mas sim apresentar nossas preocupações a Deus em oração. Quando acreditamos que Ele cuida de cada detalhe de nossas vidas, experimentamos a paz que vai além de qualquer compreensão.

A confiança em Deus também nos fortalece para perseverar nos momentos difíceis. O apóstolo Paulo, em 2 Coríntios 12:9, nos lembra que o poder de Deus se manifesta em nossa fraqueza. Quando confiamos no Senhor, somos fortalecidos por Sua graça e conseguimos superar desafios que antes pareciam impossíveis. Isso nos ensina a depender mais de Deus e menos de nós mesmos.

Um outro aspecto fundamental de confiar em Deus é aprender a esperar. Muitas vezes, somos chamados a confiar Nele durante períodos de espera, quando as respostas ou soluções não vêm de imediato. Esse tempo de espera nos ensina a ser pacientes e a crescer na fé, sabendo que Deus está sempre trabalhando, mesmo quando não vemos resultados imediatos.

Além disso, essa confiança nos protege de tomar decisões impulsivas. Quando dependemos de Deus para nos guiar, evitamos fazer escolhas baseadas no medo ou nas pressões externas. Confiar em Deus nos dá a sabedoria para esperar pela Sua direção e seguir o Seu plano perfeito.

Viver uma vida de confiança no Senhor também nos traz alegria. Quando confiamos que Deus está no controle, não carregamos o peso da preocupação constante. Podemos viver de forma mais leve, certos de que nosso Pai celestial cuida de nós e que Ele sempre deseja o melhor para nossas vidas.

Confiar em Deus não significa que nunca teremos dúvidas ou medos. Significa, sim, que, mesmo em meio às incertezas, escolhemos confiar na fidelidade de Deus e em Suas promessas. Essa confiança é construída ao longo do tempo, conforme experimentamos Sua bondade e fidelidade em nossas vidas.

Por fim, a confiança no Senhor nos ensina a viver com esperança. Quando confiamos Nele, podemos olhar para o futuro com segurança, sabendo que Ele tem planos para nos fazer prosperar e nos dar um futuro cheio de esperança (Jeremias 29:11). Essa confiança nos dá a força necessária para seguir em frente, mesmo quando o caminho parece difícil.

Capítulo 4
Coragem e fé

Versículo-chave: "Sejam fortes e corajosos, todos vocês que esperam no Senhor!"
—(Salmos 31:24)

A coragem e a fé caminham juntas na vida cristã. Sem fé em Deus, não há verdadeira coragem, e toda fé genuína nos impulsiona a agir com coragem. Na Bíblia, coragem não significa a ausência de medo, mas a disposição de obedecer a Deus, mesmo em meio a desafios. A coragem verdadeira nasce da confiança no Senhor e na certeza de que Ele nos sustenta.

O exemplo de Josué e Calebe nos mostra que a coragem brota de uma fé firme em Deus. Enquanto os outros espiões enviados à Terra Prometida ficaram assustados com os gigantes e as cidades fortificadas, Josué e Calebe confiaram nas promessas de Deus e declararam com ousadia: "Vamos subir e tomar posse da terra, pois certamente a conquistaremos" (Números 13:30). Eles enxergaram a vitória pela fé, não pelas circunstâncias.

Ser corajoso, para o cristão, muitas vezes significa ir contra o que é popular ou conveniente. Nos dias de hoje, isso pode significar defender a verdade de Deus em lugares onde ela não é bem-vinda. A história de Daniel, que continuou orando a Deus mesmo quando sabia que isso poderia levá-lo à cova dos leões, é um exemplo poderoso de coragem baseada na fé. A confiança de Daniel em Deus lhe deu a força para enfrentar a oposição sem vacilar.

A coragem também se manifesta nas batalhas espirituais que enfrentamos. Em Efésios 6:10-11, Paulo nos incentiva a sermos fortes no Senhor e a vestir toda a armadura de Deus para resistir às ciladas do diabo. A luta espiritual é real, e somente pela fé em Cristo e pela coragem que Ele nos concede, podemos vencer os desafios diários.

Outro aspecto da coragem é estar disposto a seguir a Deus, mesmo quando não compreendemos totalmente Seus planos. Abraão, ao deixar sua terra e sua família, indo para um lugar que Deus lhe mostraria, deu um passo enorme de fé. Ele não conhecia todos os detalhes, mas confiava que Deus o guiaria. Isso é a essência da coragem: dar passos de fé, sabendo que Deus nos sustentará ao longo do caminho.

A fé e a coragem nos capacitam a enfrentar os "gigantes" da vida – sejam eles medos, dúvidas, inseguranças ou situações difíceis. Assim como Davi enfrentou o gigante Golias com uma confiança inabalável em Deus, somos chamados a enfrentar nossos desafios com a certeza de que Deus luta por nós. Nossa força não vem de nós mesmos, mas do poder de Deus que age em nós.

Além disso, a coragem em Cristo nos dá ousadia para testemunhar e compartilhar nossa fé. Em Atos 4:29, os apóstolos oraram pedindo a Deus coragem para pregar Sua Palavra, mesmo diante da perseguição. Eles sabiam que a ousadia para anunciar o evangelho vinha da confiança de que Deus estava com eles, maior do que qualquer oposição.

A coragem e a fé também nos ajudam a vencer o medo do fracasso. Muitos jovens têm receio de tentar coisas novas ou enfrentar desafios, com medo de falhar. No entanto, a Bíblia nos ensina que "tudo podemos naquele que nos fortalece" (Filipenses 4:13). Quando nossa coragem está firmada em Cristo, não precisamos temer o fracasso, pois sabemos que Deus está conosco a cada passo.

Por fim, a verdadeira coragem nos ensina a confiar no tempo de Deus. Muitas vezes, é preciso coragem para esperar pacientemente pelas promessas de Deus. Hebreus 6:12 nos exorta a "não sermos preguiçosos, mas imitarmos aqueles que pela fé e paciência herdam as promessas". Assim, a coragem também envolve a paciência de confiar em Deus, mesmo quando as respostas parecem demorar.

Que sejamos fortes e corajosos, certos de que Deus está ao nosso lado em cada desafio. Nossa coragem vem Dele, e pela fé podemos enfrentar qualquer situação com confiança, sabendo que o Senhor é nossa força e escudo.

Capítulo 5
Sabedoria para tomar decisões

Versículo-chave: "Se algum de vocês tem falta de sabedoria, peça-a a Deus, que a todos dá livremente, de boa vontade; e lhe será concedida."
—(Tiago 1:5)

A sabedoria é um dos maiores presentes que Deus pode nos dar, especialmente quando precisamos tomar decisões importantes na vida. Enquanto o mundo valoriza a inteligência, o conhecimento e a esperteza, a Bíblia nos ensina que a verdadeira sabedoria vem de Deus. Não se trata apenas de saber o que é certo, mas de viver de acordo com essa verdade, aplicando os princípios divinos em cada escolha que fazemos.

Salomão, o rei de Israel, é um exemplo conhecido de grande sabedoria. Quando Deus lhe deu a oportunidade de pedir o que quisesse, ele escolheu sabedoria para governar o povo com justiça. Deus ficou tão satisfeito com esse pedido que não só lhe concedeu sabedoria, mas também riquezas e honra (1

Reis 3:5-13). Esse exemplo nos ensina a importância de colocar a sabedoria divina acima de qualquer outra coisa.

Tomar decisões sábias muitas vezes exige que deixemos de lado nossas opiniões pessoais e busquemos a vontade de Deus em oração. Tiago 1:5 nos garante que, se pedirmos sabedoria, Ele nos dará generosamente. A oração deve ser sempre o primeiro passo diante de qualquer decisão, grande ou pequena. Quando nos aproximamos de Deus em oração, Ele nos guia pelo Espírito Santo, trazendo clareza às nossas escolhas.

A sabedoria bíblica também nos ajuda a discernir o certo do errado. Em um mundo cheio de opções e influências que podem nos afastar dos valores de Deus, é essencial que as pessoas, especialmente os jovens, aprendam a discernir o que realmente importa. A Palavra de Deus é uma fonte segura de sabedoria e direção. O Salmo 119:105 nos lembra: "A tua palavra é lâmpada que ilumina os meus passos e luz que clareia o meu caminho." A verdadeira sabedoria vem de conhecer e viver de acordo com a Palavra de Deus no dia a dia.

Decisões sábias também levam em consideração as consequências a longo prazo. O mundo nos incentiva a buscar gratificação imediata e a agir por impulso, mas a sabedoria nos ensina a pensar nos impactos futuros de nossas escolhas. Provérbios 14:12 nos alerta: "Há caminho que parece certo ao homem, mas no final conduz à morte." A verdadeira sabedoria nos ajuda a enxergar além do momento presente, guiando-nos por princípios eternos.

Outro aspecto importante da sabedoria é saber buscar conselhos. Provérbios 15:22 nos ensina: "Os planos fracassam por falta de conselho, mas são bem-sucedidos quando há muitos conselheiros." Ter a humildade de pedir orientação a pessoas sábias — como pais, mentores e líderes espirituais — nos ajuda a evitar decisões precipitadas e nos faz crescer em discernimento.

Além disso, a sabedoria nos dá a coragem necessária para tomar decisões difíceis. Nem sempre é fácil escolher o caminho certo, especialmente quando isso vai contra as expectativas das pessoas ao nosso redor. A sabedoria nos dá força para agradar a Deus, mesmo quando isso significa nadar contra a corrente. Assim como Daniel, que se recusou a se contaminar com a comida do rei, muitas vezes seremos chamados a tomar decisões que exigem integridade e fé.

Tomar decisões sábias também envolve confiar no tempo de Deus. Frequentemente, somos tentados a agir de forma apressada porque não queremos esperar. No entanto, a sabedoria nos ensina a ser pacientes, confiando que Deus sabe o momento certo para agir. O Salmo 37:7 nos encoraja a "descansar no Senhor e esperar pacientemente por Ele". A sabedoria inclui a paciência de aguardar a direção de Deus antes de agir.

Por fim, a sabedoria nos ajuda a aprender com nossos erros. Ninguém é perfeito, e todos cometemos falhas. No entanto, a sabedoria nos ensina a refletir sobre nossos equívocos, a buscar o perdão de Deus e a aprender com essas experiências. Provérbios 9:9 diz: "Instrua o sábio, e ele será ainda mais sábio." Um coração sábio está sempre disposto a aprender e crescer, independentemente das circunstâncias.

Que possamos sempre buscar a sabedoria de Deus em nossas decisões, sabendo que Ele é a fonte de todo conhecimento e discernimento. Quando confiamos na Sua sabedoria, nossas escolhas não só nos guiam no caminho certo, como também nos aproximam mais de Deus.

PARTE 2: RELACIONAMENTOS E FAMÍLIA

Capítulo 1 Responsabilidade e trabalho duro

Versículo-chave: "Tudo o que fizerem, façam de todo o coração, como para o Senhor, e não para os homens."
—(Colossenses 3:23)

Desde cedo, a Bíblia nos ensina a importância da responsabilidade e do trabalho árduo. Deus nos criou para sermos produtivos, para realizarmos nossas tarefas com excelência, como uma forma de glorificar Seu nome. Desde o Jardim do Éden, quando Deus deu a Adão a missão de cuidar da criação, ficou claro que o trabalho faz parte do plano divino para a humanidade.

Neemias é um exemplo notável de dedicação e responsabilidade. Ele assumiu a desafiadora missão de reconstruir os muros de Jerusalém em um período de crise e oposição. Neemias não apenas liderou o povo com coragem, mas também arregaçou as mangas e trabalhou lado a lado com eles. Seu compromisso com Deus e com a missão o fez perseverar, mesmo diante das adversidades. A história de Neemias nos ensina que o trabalho feito com propósito e dedicação tem grande valor aos olhos de Deus.

Trabalhar duro significa dar o nosso melhor em tudo o que fazemos. Seja na escola, em casa ou em qualquer outra responsabilidade, precisamos lembrar que tudo deve ser feito para glorificar a Deus. Colossenses 3:23 nos lembra que devemos trabalhar "como para o Senhor, e não para os homens". Essa atitude nos motiva a manter um padrão elevado de excelência, independentemente da tarefa.

A responsabilidade é outro aspecto fundamental no crescimento de um jovem em Cristo. Ser responsável significa tomar as rédeas das nossas ações, cumprir nossas promessas e realizar nossas tarefas com integridade. Provérbios 12:24 nos lembra: "As mãos diligentes governarão, mas os preguiçosos acabarão sendo forçados a trabalhar". A responsabilidade é um sinal de maturidade, preparando-nos para os desafios que estão por vir.

Parte de ser responsável também envolve administrar bem o tempo. Efésios 5:16 nos instrui a "aproveitar ao máximo cada oportunidade, porque os dias são maus". O tempo é um dom de Deus, e cabe a nós usá-lo sabiamente, dedicando-nos ao que realmente importa. Isso inclui trabalhar com foco, evitando a preguiça e a procrastinação, que podem nos afastar dos nossos objetivos.

É importante lembrar que trabalho duro não significa ausência de descanso. O próprio Deus, após criar o mundo, descansou no sétimo dia, nos ensinando sobre o equilíbrio entre trabalho e repouso. O descanso faz parte do ciclo saudável que Deus planejou para nossas vidas, e devemos aprender a valorizar esses momentos sem cair na ociosidade.

Além disso, o trabalho fiel reflete o nosso compromisso com a fidelidade. Na parábola dos talentos, Jesus elogiou o servo que foi fiel em multiplicar o que lhe foi confiado, dizendo: "Muito bem, servo bom e fiel! Você foi fiel no pouco, eu o porei sobre o muito" (Mateus 25:23). Deus espera o mesmo de nós: que sejamos fiéis no que Ele nos confia, seja nas pequenas tarefas cotidianas ou nas grandes missões.

Trabalhar com dedicação também é uma forma de servir ao próximo. Quando nos empenhamos em fazer o nosso melhor, estamos servindo os outros e contribuindo para o bem comum. Quer seja em casa, na igreja ou em qualquer outro ambiente, o trabalho é uma oportunidade de demonstrar amor e serviço, refletindo o caráter de Cristo.

Que possamos sempre lembrar que, ao sermos responsáveis e ao trabalhar com dedicação, estamos glorificando a Deus e sendo bons administradores dos dons e talentos que Ele nos deu. O trabalho feito de coração para Deus traz recompensas eternas e nos ajuda a crescer em caráter e fé.

Capítulo 2
Honrar os pais

Versículo-chave: "Honra teu pai e tua mãe, a fim de que tenhas vida longa na terra que o Senhor, o teu Deus, te dá."
—(Êxodo 20:12)

Honrar os pais é um dos mandamentos centrais da Bíblia, e está intimamente relacionado com a promessa de uma vida longa e cheia de bênçãos. Deus nos orienta a honrar nossos pais não apenas por serem figuras de autoridade, mas porque, ao fazermos isso, estamos seguindo a vontade divina e demonstrando respeito por Seu plano para a família. Esse mandamento ensina os meninos a compreender o valor da obediência e do respeito, tanto nas palavras quanto nas atitudes em relação aos pais.

Honrar os pais vai além da simples obediência. Trata-se de mostrar respeito, consideração e gratidão por todo o cuidado e sacrifício que eles fazem. Mesmo quando os filhos discordam das decisões dos pais, é essencial manter uma atitude de respeito e humildade. O livro de Provérbios 23:22 nos lembra a não desprezar os pais, especialmente na velhice. O respeito deve ser um compromisso ao longo de toda a vida.

Jesus nos dá o exemplo perfeito de como honrar os pais. Mesmo sendo o Filho de Deus, em Lucas 2:51 vemos que Ele era submisso a Maria e José. Sua obediência aos pais terrenos, apesar de ser o Salvador do mundo, nos ensina a importância de cumprir esse mandamento, independente da posição ou circunstância em que nos encontremos.

Além disso, honrar os pais é reconhecer a autoridade que Deus lhes concedeu. Romanos 13:1 nos lembra que toda autoridade vem de Deus, e isso inclui a autoridade dos pais sobre os filhos. Quando os meninos reconhecem essa autoridade e obedecem com boa vontade, eles estão aprendendo a se submeter ao plano divino.

A obediência é uma forma prática de honrar. Efésios 6:1-2 nos ensina que os filhos devem obedecer aos pais, pois isso é justo. No entanto, a obediência não deve ser por obrigação, mas com o desejo sincero de agradar a Deus e honrar os pais. Essa postura leva os meninos ao caminho da sabedoria e os afasta de muitas dificuldades.

A gratidão também é uma maneira de honrar os pais. Muitas vezes, os sacrifícios que eles fazem são invisíveis, e é fácil não dar o devido valor ao cuidado e à provisão que nos oferecem. Ensinar os meninos a serem gratos pelo amor e orientação dos pais é fundamental para cultivar um coração que sabe honrar.

Honrar os pais, no entanto, não significa concordar com tudo o que eles dizem ou fazem. Haverá momentos em que os meninos podem discordar ou ter uma visão diferente. Nesses momentos, é importante que eles expressem suas opiniões com respeito e humildade, mantendo o respeito mútuo, que é a base de um relacionamento saudável entre pais e filhos.

À medida que os meninos crescem, honrar os pais também envolve cuidar deles. Em 1 Timóteo 5:8, Paulo nos exorta a cuidar de nossos familiares, especialmente dos mais velhos. Isso nos mostra que o dever de honrar os pais continua mesmo quando os filhos se tornam adultos, e inclui garantir que eles sejam bem cuidados física e emocionalmente.

Por fim, honrar os pais é uma forma de glorificar a Deus. Ao seguir esse mandamento, não só estamos abençoando nossos pais, mas também cumprindo a vontade de Deus. A promessa de bênçãos e longevidade associada a esse mandamento nos lembra o quanto Deus valoriza o respeito e a honra dentro da família.

Que possamos sempre ensinar aos meninos a importância de honrar seus pais, sabendo que essa é uma forma de demonstrar amor, gratidão e obediência a Deus. Honrar os pais é uma base sólida para construir relacionamentos saudáveis e viver uma vida abençoada conforme o plano divino.

Capítulo 3
Amizade verdadeira

Versículo-chave: "O amigo ama em todos os momentos; é um irmão na adversidade."
—(Provérbios 17:17)

A verdadeira amizade é um dos maiores presentes que podemos ter e oferecer na vida. No mundo de hoje, onde muitas relações são superficiais e movidas por interesses, a Bíblia nos ensina sobre o valor de uma amizade genuína, construída sobre amor, lealdade e sinceridade. As amizades verdadeiras são aquelas que resistem ao tempo e permanecem firmes, mesmo diante das dificuldades.

Um exemplo inspirador de amizade na Bíblia é a relação entre Davi e Jônatas. Jônatas, filho do rei Saul, tornou-se amigo íntimo de Davi, mesmo sabendo que ele seria o próximo rei de Israel, algo que, por direito, poderia ter sido dele. Eles selaram um pacto de amizade, e Jônatas apoiou e protegeu Davi, chegando a arriscar sua própria vida. Sua amizade, marcada por confiança, lealdade e amor fraternal, mostra que uma verdadeira amizade não é egoísta, mas busca o bem do outro.

A sinceridade é outra base fundamental de uma amizade verdadeira. Em Provérbios 27:6, lemos: "Melhor é a repreensão feita abertamente do que o amor oculto". Isso nos ensina que um amigo verdadeiro é honesto, mesmo quando a verdade pode ser difícil de dizer. Porém, essa correção é sempre feita com amor, visando fortalecer e edificar o outro.

A lealdade também é essencial na amizade. Provérbios 17:17 nos lembra que "em todo o tempo ama o amigo". Uma amizade verdadeira não oscila conforme as circunstâncias; o amigo está presente nos momentos de alegria e também nas horas de tristeza. A lealdade é uma marca de uma amizade que reflete o amor de Cristo, que nunca nos abandona.

Além disso, a verdadeira amizade é uma fonte de encorajamento espiritual. Em 1 Tessalonicenses 5:11, Paulo nos exorta a "encorajarmos uns aos outros e a edificarmo-nos mutuamente". Amizades centradas em Deus ajudam os amigos a crescerem juntos na fé, orando e apoiando-se mutuamente em suas jornadas espirituais. Amizades cristãs saudáveis são verdadeiras bênçãos, pois ajudam a manter a fé firme, especialmente em momentos de tentação.

Outra característica de uma verdadeira amizade é o sacrifício. Jesus disse em João 15:13: "Ninguém tem maior amor do que aquele que dá a sua vida pelos seus amigos". Embora nem sempre sejamos chamados a fazer grandes sacrifícios, o espírito da amizade verdadeira está em estar disposto a colocar as necessidades do amigo à frente das nossas. Isso pode significar abrir mão do tempo, dos recursos ou do conforto para apoiar o outro.

Além de dar, uma amizade verdadeira também se reflete em saber receber. Um bom amigo não apenas apoia e encoraja, mas também está disposto a aceitar o cuidado e o apoio do outro. É uma relação de troca, onde ambos se beneficiam do amor e da solidariedade.

A confiança é outro pilar de uma amizade verdadeira. Sem ela, não há espaço para uma relação saudável. Uma amizade deve ser um porto seguro, onde podemos compartilhar nossas lutas, sonhos e alegrias, sem medo de julgamentos ou traições. A confiança se constrói com o tempo, mas é essencial para uma amizade duradoura.

Por fim, a verdadeira amizade reflete o amor de Cristo. Em João 15:15, Jesus chama Seus discípulos de amigos, demonstrando que Ele valoriza profundamente o relacionamento íntimo com Seus seguidores. Quando experimentamos amizades verdadeiras, estamos refletindo o amor de Cristo em nossas vidas e nos nossos relacionamentos.

Que os meninos possam entender o valor de cultivar amizades genuínas, baseadas em amor, lealdade e sinceridade, e que essas amizades sejam uma fonte de bênção e crescimento espiritual ao longo de suas vidas.

Capítulo 4
Integridade e caráter

Versículo-chave: "O homem justo leva uma vida íntegra; como são felizes os seus filhos!"
—(Provérbios 20:7)

A integridade é um valor fundamental no caráter de qualquer pessoa, e é especialmente importante para aqueles que seguem a Cristo. A integridade significa viver de maneira coerente com os princípios de Deus, tanto em público quanto em privado. É fazer o que é certo, mesmo quando ninguém está olhando. A Bíblia nos ensina que a integridade é a base para um caráter sólido e que aqueles que vivem com integridade experimentam a bênção de Deus.

Daniel é um exemplo poderoso de integridade na Bíblia. Ele foi levado para o exílio na Babilônia e, mesmo vivendo em uma cultura estrangeira e hostil, manteve sua fé e obediência a Deus. Quando foi desafiado a desobedecer às leis de Deus, Daniel permaneceu firme, orando regularmente e seguindo os mandamentos divinos. Sua integridade foi testada quando foi jogado na cova dos leões, mas Deus o livrou porque ele se manteve fiel. A vida de Daniel nos mostra que a integridade é recompensada por Deus, mesmo em meio à adversidade.

Viver com integridade significa ser verdadeiro em todas as áreas da vida. Isso inclui ser honesto em nossas palavras, ações e relacionamentos. A Bíblia nos ensina que “o Senhor detesta os lábios mentirosos, mas se deleita com os que falam a verdade” (Provérbios 12:22). A honestidade é uma parte crucial da integridade e deve ser cultivada desde cedo. Os meninos devem aprender a valorizar a verdade e a rejeitar a mentira, mesmo que dizer a verdade seja difícil.

A integridade também está ligada ao caráter. O caráter é o conjunto de qualidades que definem quem somos, e ele é moldado por nossas escolhas diárias. Provérbios 22:1 nos lembra que “a boa reputação vale mais que grandes riquezas; desfrutar de boa estima vale mais que prata e ouro”. O caráter de um menino será o alicerce de sua vida, e ele deve ser construído com base nos princípios da Palavra de Deus.

Outro aspecto da integridade é a responsabilidade por nossas ações. Quando cometemos erros, a integridade nos leva a admitir nossas falhas e a buscar o perdão. Em vez de tentar encobrir ou justificar nossos erros, devemos ser honestos diante de Deus e das pessoas ao nosso redor. O exemplo de Pedro, que negou Jesus e depois se arrependeu profundamente, nos ensina que a integridade envolve humildade e a disposição de corrigir nossos erros.

A integridade também se reflete em como tratamos os outros. Jesus nos ensinou a amar o próximo como a nós mesmos, e isso inclui tratar as pessoas com justiça, respeito e compaixão. A integridade nos leva a agir com retidão em todos os nossos relacionamentos, rejeitando a maldade, a injustiça e a desonestidade.

Além disso, a integridade é um testemunho poderoso para o mundo ao nosso redor. Quando vivemos de maneira íntegra, refletimos o caráter de Cristo em nossas ações. Isso pode impactar positivamente aqueles ao nosso redor, levando-os a enxergar a diferença que Cristo faz em nossas vidas. Como Jesus nos disse em Mateus 5:16, “assim brilhe a luz de vocês diante dos homens, para que vejam as suas boas obras e glorifiquem ao Pai de vocês, que está nos céus”.

A integridade também é uma base para a confiança. Os meninos que vivem com integridade se tornam pessoas confiáveis, e a confiança é essencial em qualquer relacionamento, seja com amigos, família ou com Deus. Quando os outros sabem que podem confiar em nós, os relacionamentos se fortalecem e a vida é vivida de maneira mais plena e verdadeira.

Por fim, a integridade traz alegria e paz. Quando vivemos de acordo com os princípios de Deus, experimentamos uma paz interior, sabendo que estamos agradando a Deus e vivendo de maneira correta. A integridade nos livra de uma consciência pesada e nos permite caminhar com segurança e confiança, sabendo que estamos no caminho certo.

Que os meninos aprendam a valorizar a integridade e a construir um caráter forte, baseado na Palavra de Deus, para que possam viver vidas que glorifiquem ao Senhor e sejam uma bênção para todos ao seu redor.

PARTE 3: PUREZA E SANTIDADE

Capítulo 1 Verdade e honestidade

Versículo-chave: "O Senhor odeia os lábios mentirosos, mas se deleita com os que falam a verdade."
—(Provérbios 12:22)

A verdade é uma base essencial para uma vida que agrada a Deus. Ele é a fonte de toda a verdade e nos chama a viver com integridade, sempre falando e agindo com honestidade. Desde pequenos, os meninos devem aprender o valor de dizer a verdade e de viver de forma transparente. A Bíblia deixa claro que Deus detesta a mentira, mas se alegra com aqueles que falam a verdade.

Falar a verdade nem sempre é fácil. Muitas vezes, somos tentados a mentir para evitar problemas, encobrir erros ou tentar impressionar. No entanto, a mentira pode trazer sérias consequências, não só para nós, mas também para nossos relacionamentos. Uma mentira pode se espalhar rapidamente e acabar destruindo a confiança. Provérbios 19:9 alerta: "A testemunha falsa não ficará impune, e aquele que espalha mentiras perecerá." As consequências da mentira são tanto espirituais quanto emocionais.

Jesus é nosso maior exemplo de verdade. Ele disse: "Eu sou o caminho, a verdade e a vida" (João 14:6). Jesus viveu uma vida íntegra, sem jamais enganar ninguém. Ele refletiu perfeitamente a verdade de Deus e nos chama a seguir Seu exemplo. Como cristãos, devemos ser reconhecidos pela nossa honestidade e compromisso com a verdade.

A verdade também nos liberta. Em João 8:32, Jesus disse: "E conhecerão a verdade, e a verdade os libertará." Quando vivemos de acordo com a verdade, experimentamos liberdade em todas as áreas da vida. Não precisamos esconder nossos erros ou viver com medo de sermos descobertos. A verdade nos permite viver com integridade e nos livra do peso da culpa e do engano.

Ser honesto também significa ser transparente em nossas ações. Às vezes, podemos ser tentados a agir de forma desonesta para obter alguma vantagem ou evitar responsabilidades. No entanto, a Bíblia nos ensina que devemos agir com justiça e retidão, mesmo quando isso parece difícil. Provérbios 11:3 diz: "A integridade dos justos os guia, mas a falsidade dos infiéis os destrói." A honestidade é a âncora que nos mantém no caminho certo, mesmo quando as tentações surgem.

A verdade e a honestidade também são fundamentais para construir relacionamentos saudáveis. Quando somos honestos com os outros, criamos um ambiente de confiança e respeito. A mentira destrói a confiança, enquanto a verdade a fortalece. Efésios 4:25 nos incentiva: "Por isso, deixem a mentira e falem a verdade ao seu próximo, pois todos somos membros de um mesmo corpo." A verdade é o alicerce sobre o qual os relacionamentos sólidos são construídos.

Além disso, falar a verdade demonstra nossa confiança em Deus. Quando mentimos, estamos, de certa forma, mostrando que não confiamos em Deus para lidar com as consequências da verdade. No entanto, quando falamos a verdade, mesmo em situações difíceis, estamos demonstrando fé em Deus e confiando que Ele está no controle. Ele promete nos abençoar pela nossa honestidade e fidelidade.

Os meninos precisam entender que a honestidade é uma escolha diária. Seja em coisas pequenas ou grandes, ser verdadeiro reflete nosso caráter e nossa fé. Em Lucas 16:10, Jesus disse: "Quem é fiel no pouco, também é fiel no muito." Praticar a verdade em todas as áreas da vida, mesmo nas menores, é um sinal de maturidade espiritual.

Por fim, viver uma vida de verdade e honestidade traz paz interior. Quando vivemos de acordo com a verdade, não precisamos nos preocupar em encobrir mentiras ou carregar o peso da culpa. A verdade nos traz paz, pois sabemos que estamos vivendo conforme os princípios de Deus e que nossas palavras e ações estão alinhadas com a Sua vontade.

Que os meninos sejam ensinados a valorizar a verdade e a viver com honestidade, entendendo que essas virtudes refletem o coração de Deus e trazem bênçãos para todas as áreas da vida.

Capítulo 2
Pureza de coração e de pensamento

Versículo-chave: "Bem-aventurados os puros de coração, pois verão a Deus."
—(Mateus 5:8)

A pureza de coração e pensamento é uma das maiores qualidades que um menino pode desenvolver. Jesus nos ensina que os puros de coração verão a Deus, o que nos mostra o quanto essa pureza é essencial para o nosso relacionamento com o Senhor. No entanto, vivemos em um mundo cheio de mensagens que tentam desviar nossos corações e pensamentos da santidade e dos padrões de Deus. Por isso, desde cedo, é importante que os meninos aprendam a proteger suas mentes e a buscar manter seus corações puros.

A pureza começa dentro de nós. O que sentimos e pensamos reflete diretamente em nossas atitudes. Como Jesus disse em Mateus 12:34: "A boca fala do que está cheio o coração." Por isso, cuidar do que guardamos em nosso coração é fundamental para vivermos de maneira que agrade a Deus. Precisamos preenchê-lo com a Palavra de Deus e com tudo o que é bom, rejeitando o que nos afasta da pureza que Ele deseja para nós.

Manter pensamentos puros é um desafio em um mundo cheio de tentações. Mas a Bíblia nos orienta sobre como podemos alcançar essa pureza. Em Filipenses 4:8, lemos um conselho valioso:

Finalmente, irmãos, tudo o que for verdadeiro, tudo o que for nobre, tudo o que for correto, tudo o que for puro, tudo o que for amável, tudo o que for de boa fama, se houver algo de excelente ou digno de louvor, pensem nessas coisas.

Quando focamos em pensamentos que agradam a Deus, estamos protegendo nossa mente.

José, do Antigo Testamento, é um exemplo de alguém que escolheu a pureza em meio à tentação. Quando a esposa de Potifar tentou seduzi-lo, José fugiu, preferindo manter sua pureza diante de Deus a ceder ao pecado (Gênesis 39:12). Essa escolha o livrou de uma vida de pecado e o manteve em comunhão com Deus. Assim como José, devemos estar preparados para fugir da tentação e fazer o que é certo, mesmo quando ninguém está olhando.

A pureza de coração e pensamento também exige renúncia ao pecado em todas as suas formas. O pecado nasce na mente e no coração, por isso, devemos ser vigilantes para não permitir que pensamentos impuros criem raízes. Em Mateus 5:28, Jesus nos adverte que até mesmo olhar com intenção impura já é pecado. Por isso, precisamos estar atentos ao que deixamos entrar em nossas mentes e corações, seja através da mídia, das amizades ou de outras influências.

Uma forma eficaz de manter a pureza é através da oração. Pedir a Deus que nos ajude a manter nossos pensamentos e corações puros é essencial para superar as tentações. O Salmo 51:10 traz uma oração poderosa: "Cria em mim um coração puro, ó Deus, e renova dentro de mim um espírito firme." Quando buscamos a Deus, Ele nos fortalece para viver de acordo com a Sua vontade e nos capacita a resistir às tentações ao nosso redor.

Além disso, a pureza de coração nos aproxima de Deus. Jesus prometeu que os puros de coração verão a Deus, ou seja, ao buscar a pureza, estamos nos preparando para uma comunhão mais profunda com Ele. A impureza cria barreiras entre nós e Deus, mas a pureza nos permite experimentar Sua presença de forma mais clara.

Ter um coração puro também nos ajuda a tratar os outros com respeito e amor. Quando nosso coração está limpo, enxergamos as pessoas com os olhos de Deus, sem as lentes da luxúria ou do egoísmo. A pureza nos capacita a amar de forma genuína e a servir ao próximo com sinceridade.

Por fim, a pureza nos traz paz e alegria. Quando nossos corações e mentes estão em harmonia com Deus, experimentamos uma paz que o mundo não pode oferecer. Não carregamos culpa, vergonha ou pesos desnecessários. Podemos viver com alegria, sabendo que estamos agradando a Deus em nossos pensamentos, atitudes e ações.

Que os meninos aprendam a valorizar a pureza de coração e de pensamento, sabendo que essa é uma chave para uma vida de comunhão com Deus e de bênçãos espirituais.

Capítulo 3
Fugir das tentações

Versículo-chave: "Fujam da imoralidade sexual. Todos os outros pecados que alguém comete, fora do corpo os comete; mas quem peca sexualmente, peca contra o seu próprio corpo."
—(1 Coríntios 6:18)

Fugir das tentações é um dos maiores desafios que os meninos enfrentam, especialmente em um mundo que constantemente tenta atraí-los para longe dos caminhos de Deus. A Bíblia nos ensina claramente que devemos fugir da tentação, e não enfrentá-la sozinhos. Isso significa que, ao invés de nos colocarmos em situações tentadoras, devemos evitá-las para preservar nossa pureza e integridade diante de Deus.

José é um exemplo clássico de alguém que escolheu fugir da tentação, ao invés de enfrentá-la. Quando a esposa de Potifar tentou seduzi-lo, ele não ficou para argumentar ou negociar; fugiu imediatamente. Sua decisão o livrou de cair em pecado e manteve sua comunhão com Deus intacta. Isso nos ensina que a maneira mais eficaz de lidar com a tentação é, muitas vezes, evitá-la por completo.

A tentação, em si, não é pecado. Até Jesus foi tentado no deserto, mas Ele não cedeu ao pecado (Mateus 4:1-11). Isso demonstra que ser tentado é algo que todos enfrentamos, mas ceder à tentação é o que nos leva ao pecado. A tentação pode surgir de diversas formas: desejos pecaminosos, pressões externas ou até influências sutis do mundo ao nosso redor. Cabe a nós estarmos preparados para fugir dessas tentações quando elas surgirem.

Uma maneira eficaz de fugir da tentação é identificar as áreas de fraqueza em nossas vidas. Cada pessoa tem áreas onde é mais vulnerável à tentação, seja na sexualidade, no orgulho, na ira ou em outras fraquezas. Reconhecer essas áreas nos ajuda a tomar precauções para evitá-las. Jesus nos ensinou a orar: "Não nos deixes cair em tentação, mas livra-nos do mal" (Mateus 6:13). Devemos orar para que Deus nos proteja das situações em que somos mais vulneráveis.

Além disso, devemos evitar as situações que nos expõem à tentação. Paulo nos instrui em 1 Coríntios 15:33: "Não se enganem: as más companhias corrompem os bons costumes." Isso significa que devemos estar atentos às influências em nossas vidas, seja através de amizades, entretenimento ou ambientes que possam nos levar ao pecado. Fugir da tentação inclui evitar essas influências e buscar ambientes que nos ajudem a crescer espiritualmente.

Outra maneira de fugir da tentação é usar a Palavra de Deus como nossa arma. Quando Jesus foi tentado, Ele respondeu a cada tentação com as Escrituras. A Palavra de Deus é nossa defesa contra as mentiras do inimigo, e devemos usá-la ativamente em momentos de tentação. O Salmo 119:11 nos ensina: "Guardei a tua palavra no meu coração para não pecar contra ti." Memorizar e meditar na Palavra nos fortalece para resistir ao pecado.

O Espírito Santo também é nosso ajudador em tempos de tentação. Gálatas 5:16 nos exorta a "viver pelo Espírito, e de modo nenhum satisfarão os desejos da carne." Quando vivemos em comunhão com o Espírito Santo, Ele nos guia e nos capacita a dizer "não" às tentações que nos rodeiam. O poder do Espírito nos fortalece para viver de acordo com os padrões de Deus.

Fugir da tentação também envolve estar cercado de pessoas que nos encorajam na fé. Ter amigos e mentores que compartilham nossa fé e nos incentivam a viver em santidade é um grande apoio para evitar as tentações. A Bíblia nos ensina que "o ferro afia o ferro, e assim o homem afia o seu companheiro" (Provérbios 27:17). Amigos piedosos nos ajudam a manter nosso foco em Deus e a evitar situações que possam nos afastar Dele.

Por fim, fugir das tentações nos aproxima de Deus. Quando escolhemos rejeitar o pecado e buscar a santidade, nos posicionamos para experimentar uma comunhão mais profunda com o Senhor. A Bíblia nos diz que "sem santidade, ninguém verá o Senhor" (Hebreus 12:14). Fugir da tentação é uma maneira de cultivar essa santidade e viver uma vida que glorifica a Deus.

Que os meninos aprendam a fugir das tentações e a buscar a santidade em todas as áreas de suas vidas, confiando que Deus os capacita a viver de acordo com Sua vontade.

Capítulo 4
Serviço ao próximo

Versículo-chave: "Pois nem mesmo o Filho do homem veio para ser servido, mas para servir e dar a sua vida em resgate por muitos."
—(Marcos 10:45)

O serviço ao próximo é uma marca central do caráter cristão e reflete diretamente o exemplo deixado por Jesus. Quando Jesus esteve na terra, Ele nos ensinou que a verdadeira grandeza no Reino de Deus está em servir. Ele mesmo, o Rei dos reis, veio não para ser servido, mas para servir os outros, até ao ponto de sacrificar Sua vida por nós. Servir ao próximo é uma expressão prática do amor de Deus, e os meninos devem aprender desde cedo que o serviço não é apenas um ato de bondade, mas um chamado divino.

Jesus demonstrou o coração de servo em inúmeras ocasiões. Ele lavou os pés dos discípulos (João 13:1-17), algo que na cultura daquela época era considerado uma tarefa para os servos mais baixos. Esse gesto nos ensina que ninguém está acima do serviço. Servir aos outros é uma atitude de humildade, e quando o fazemos, refletimos o caráter de Cristo. Jesus nos mostrou que o verdadeiro líder é aquele que serve, não aquele que apenas busca ser servido.

O serviço ao próximo começa em casa. Para os meninos, é importante entender que ajudar seus pais, irmãos e familiares também faz parte de seu chamado para servir. Às vezes, as oportunidades de serviço não vêm em grandes gestos, mas em pequenas ações cotidianas, como ajudar com as tarefas domésticas, ouvir alguém que precisa de apoio, ou simplesmente ser gentil com aqueles ao redor. O serviço ao próximo pode ser praticado em todas as áreas da vida, e isso deve ser incentivado desde cedo.

A Bíblia também nos chama a servir os necessitados. Tiago 1:27 nos diz que "a religião que Deus, o nosso Pai, aceita como pura e imaculada é esta: cuidar dos órfãos e das viúvas em suas dificuldades." Isso nos ensina que o serviço cristão deve ir além de nossas famílias e amigos e alcançar aqueles que estão em maior necessidade. Os meninos devem ser ensinados a ter um coração compassivo, sempre prontos a ajudar os que estão em situação de vulnerabilidade, seja por meio de doações, voluntariado ou ações simples de cuidado.

Servir também envolve sacrifício. Nem sempre será fácil ou conveniente ajudar os outros, mas o chamado de Jesus nos lembra que devemos dar de nós mesmos sem esperar nada em troca. O serviço genuíno é motivado pelo amor, e não por recompensas ou reconhecimento. Como disse Jesus em Lucas 6:35, "amem os seus inimigos, façam o bem e emprestem a eles, sem esperar receber nada de volta." Esse é o verdadeiro espírito do serviço cristão.

Além disso, o serviço ao próximo é uma oportunidade de testemunhar o amor de Cristo. Quando os meninos servem de coração, eles estão mostrando o amor de Deus de maneira prática para o mundo ao redor. Mateus 5:16 nos lembra: "Assim brilhe a luz de vocês diante dos homens, para que vejam as suas boas obras e glorifiquem ao Pai de vocês, que está nos céus." O serviço é uma forma de levar luz às trevas e de mostrar às pessoas o caráter de Deus.

O serviço também fortalece nossa própria fé. Quando saímos de nossa zona de conforto para ajudar os outros, experimentamos a graça e o poder de Deus de maneiras novas. Servir ao próximo nos lembra de nossa dependência de Deus e nos dá oportunidades de ver como Ele trabalha em nós e através de nós para impactar a vida de outras pessoas.

Outro aspecto importante do serviço é a gratidão. Quando servimos aos outros, frequentemente somos lembrados de nossas próprias bênçãos e de como Deus tem cuidado de nós. Isso nos ajuda a desenvolver um coração grato e humilde. Em vez de nos concentrarmos em nossas próprias necessidades e desejos, o serviço nos ensina a olhar para as necessidades dos outros e a valorizar o que temos.

Por fim, servir ao próximo é uma forma de adoração a Deus. Romanos 12:1 nos exorta a oferecermos nossos corpos como sacrifício vivo, santo e agradável a Deus, como um ato de adoração. Isso significa que quando ajudamos os outros, estamos, de fato, adorando a Deus com nossas vidas. Nosso serviço é uma expressão de gratidão pelo que Deus fez por nós e uma maneira de demonstrar nosso amor por Ele.

Que os meninos aprendam desde cedo a alegria de servir ao próximo, sabendo que, ao fazê-lo, estão refletindo o amor de Cristo e cumprindo o chamado de Deus para suas vidas.

Capítulo 5
Humildade e servidão

Versículo-chave: "Nada façam por ambição egoísta ou por vaidade, mas humildemente considerem os outros superiores a si mesmos."
—(Filipenses 2:3)

A humildade é uma das virtudes mais importantes na vida cristã, diretamente ligada ao serviço ao próximo. Ela nos ensina a não buscar nossa própria glória, mas a viver para glorificar a Deus e servir aos outros. Em um mundo que frequentemente valoriza a autopromoção e o orgulho, a humildade nos convida a seguir o exemplo de Jesus, que, embora fosse o Filho de Deus, esvaziou-Se de Sua glória e veio ao mundo como servo.

Jesus é o exemplo perfeito de humildade e servidão. Em Filipenses 2:5-8, Paulo nos ensina que Jesus "não considerou que o ser igual a Deus era algo a que devia apegar-se; mas esvaziou-se a si mesmo, vindo a ser servo, tornando-se semelhante aos homens". Ele deixou Seu lugar de glória no céu para viver entre nós e servir, até ao ponto de morrer na cruz por nossos pecados. Sua vida é um modelo claro de como devemos viver com humildade e disposição para servir.

Ser humilde não significa ser fraco ou passivo. Na verdade, a verdadeira humildade exige grande força e coragem. Quando somos humildes, colocamos as necessidades dos outros acima das nossas e reconhecemos que tudo o que temos vem de Deus. João Batista exemplificou essa atitude ao dizer: "É necessário que Ele cresça e que eu diminua" (João 3:30). A humildade nos ensina a viver para a glória de Deus, em vez de buscar a nossa própria.

A humildade também está intrinsecamente ligada à servidão. Jesus nos mostrou que a verdadeira liderança no Reino de Deus é servil. Em Mateus 20:26-28, Ele disse: "Quem quiser tornar-se importante entre vocês deverá ser servo, e quem quiser ser o primeiro deverá ser escravo; como o Filho do homem, que não veio para ser servido, mas para servir." Isso nos ensina que a grandeza no Reino de Deus é medida pela disposição de servir aos outros, e não pela busca de reconhecimento ou status.

Os meninos devem aprender que a humildade e a servidão são marcas de maturidade espiritual. Ser humilde significa reconhecer nossas limitações e a necessidade de depender de Deus em todas as coisas. Ao servir aos outros com humildade, seguimos o caminho que Jesus traçou para nós: um caminho de amor sacrificial e de serviço altruísta.

Além disso, a humildade nos ajuda a lidar com o orgulho e a vaidade, que são grandes obstáculos para uma vida cristã saudável. Tiago 4:6 nos lembra que "Deus se opõe aos orgulhosos, mas concede graça aos humildes." Quando escolhemos a humildade, recebemos a graça de Deus para viver de acordo com Seus propósitos. A humildade nos aproxima de Deus e nos torna mais sensíveis à Sua vontade.

A servidão humilde também nos ensina a valorizar os outros. Filipenses 2:3 nos instrui a considerar os outros superiores a nós mesmos. Isso significa que devemos tratar as pessoas com respeito, dignidade e amor, reconhecendo o valor que Deus deu a cada uma. A humildade nos ajuda a ver o próximo com os olhos de Cristo, o que nos motiva a servir de coração.

Outro aspecto importante da humildade é a disposição para aprender com os outros. A Bíblia nos ensina que "instrução humilde precede a honra" (Provérbios 15:33). Aqueles que são humildes estão abertos a aprender, crescer e serem corrigidos. Os meninos devem ser ensinados a ouvir os conselhos dos pais, professores e líderes espirituais com um coração disposto a aprender e crescer.

A humildade e a servidão também fortalecem os relacionamentos. Quando praticamos a humildade, somos mais pacientes, compassivos e prontos para perdoar. A humildade nos ajuda a manter a paz em nossos relacionamentos, pois estamos menos preocupados em ter razão e mais focados em amar e servir. Como Paulo disse em Efésios 4:2, devemos "ser completamente humildes e dóceis; sejam pacientes, suportando uns aos outros com amor."

Que os meninos sejam ensinados a viver com humildade e servidão, seguindo o exemplo de Jesus, para que cresçam em maturidade espiritual à medida que buscam servir aos outros e glorificar a Deus.

Capítulo 6
Coragem para defender a verdade

Versículo-chave: "Antes, santifiquem Cristo como Senhor em seu coração. Estejam sempre preparados para responder a qualquer pessoa que lhes pedir a razão da esperança que há em vocês."
—(1 Pedro 3:15)

Defender a verdade exige coragem, especialmente em um mundo onde as verdades de Deus são frequentemente questionadas ou rejeitadas. Como cristãos, somos chamados a nos posicionar em favor da verdade, mesmo quando isso não é popular ou fácil. Os meninos devem ser ensinados, desde cedo, a ter convicções firmes na Palavra de Deus e a estarem dispostos a defendê-la com amor e respeito, sem temor das represálias.

O exemplo de Estevão, o primeiro mártir cristão, nos ensina sobre coragem e compromisso com a verdade. Ele era um homem cheio do Espírito Santo e de sabedoria, que pregava o evangelho corajosamente, mesmo sabendo que poderia enfrentar perseguição. Quando foi falsamente acusado e levado a julgamento, defendeu a verdade com ousadia, e, ao final, foi apedrejado por sua fé (Atos 7). Sua coragem nos mostra que, mesmo diante da morte, devemos permanecer firmes na verdade de Deus.

Defender a verdade, no entanto, não significa ser rude ou ofensivo. 1 Pedro 3:15 nos instrui a responder a quem nos questionar sobre a nossa fé, com mansidão e respeito. Isso significa que, ao compartilhar a verdade, devemos fazê-lo com amor, buscando atrair as pessoas para Cristo, e não apenas vencer debates. A verdade deve ser dita com amor, e a coragem de defendê-la deve ser equilibrada com graça e humildade.

A verdade de Deus é inegociável. Em um mundo onde muitas vezes se tenta distorcer ou relativizar a verdade, é fundamental que os meninos aprendam a reconhecer a verdade absoluta da Palavra de Deus. Jesus disse em João 14:6: "Eu sou o caminho, a verdade e a vida." Isso nos mostra que a verdade não é subjetiva ou mutável, mas está firmada na pessoa de Jesus Cristo e em Suas palavras.

A coragem para defender a verdade também implica ser um exemplo vivo daquilo em que acreditamos. Os meninos precisam aprender que suas ações e atitudes falam tão alto quanto suas palavras. Ao viver de acordo com os princípios bíblicos, estão defendendo a verdade com suas vidas. Como Paulo disse em Filipenses 2:15, devemos "brilhar como estrelas no universo" em meio a uma geração corrupta. Nossa vida deve refletir a verdade que proclamamos.

Além disso, defender a verdade requer conhecimento da Palavra de Deus. Não podemos defender aquilo que desconhecemos. Por isso, é necessário incentivar os meninos a estudar as Escrituras, memorizar versículos e aprofundar-se no conhecimento de Deus. O salmista afirma em Salmos 119:11: "Guardei no coração a tua palavra para não pecar contra ti." O conhecimento da verdade nos capacita a estar preparados para responder às perguntas e desafios que possam surgir.

Outro aspecto importante é a coragem para enfrentar críticas e rejeições. Jesus advertiu Seus discípulos de que seriam perseguidos por causa do Seu nome (João 15:20). Da mesma forma, os meninos devem estar preparados para enfrentar críticas, zombarias ou até mesmo rejeição por defenderem a verdade. No entanto, Jesus nos assegura que somos abençoados quando somos perseguidos por causa da justiça (Mateus 5:10).

A coragem para defender a verdade também envolve permanecer firme, mesmo quando estamos em minoria. No Antigo Testamento, Josué e Calebe foram os únicos entre os doze espias que confiaram nas promessas de Deus e encorajaram o povo a tomar posse da Terra Prometida. Embora estivessem em minoria, sua fé e coragem prevaleceram. Esse exemplo nos ensina que, mesmo quando estamos sozinhos em nossa convicção, devemos permanecer firmes na verdade.

Por fim, a coragem para defender a verdade nos aproxima de Deus. Quando confiamos em Deus e em Suas promessas, somos fortalecidos pelo Espírito Santo para enfrentar qualquer oposição. Deus nos chama a ser ousados em nossa fé, sabendo que Ele está conosco em todas as circunstâncias.

Que os meninos aprendam a ser corajosos e firmes em sua fé, prontos para defender a verdade de Deus com amor, respeito e ousadia, refletindo a luz de Cristo em um mundo que desesperadamente precisa da verdade.

PARTE 4: FÉ E VIDA ESPIRITUAL

Capítulo 1
Paciência e esperança em Deus

Versículo-chave: "Espere no Senhor. Seja forte! Coragem! Espere no Senhor."
—(Salmos 27:14)

A paciência e a esperança em Deus são virtudes essenciais para a vida cristã. Vivemos em uma sociedade que valoriza a gratificação imediata, mas a Bíblia nos ensina a confiar e esperar pelo tempo perfeito de Deus. Ter paciência não significa apenas suportar a espera, mas confiar que Deus está agindo em cada detalhe, mesmo quando não conseguimos ver o resultado. A esperança em Deus nos fortalece para esperar com alegria e confiança.

O salmista nos encoraja a "esperar no Senhor" e a ter coragem durante o processo. Muitas vezes, a espera é um período de refinamento e crescimento espiritual. Ao longo da Bíblia, encontramos exemplos de pessoas que esperaram pacientemente pelas promessas de Deus, como Abraão e Sara, que aguardaram décadas pelo filho prometido. Eles confiaram na fidelidade de Deus para cumprir Suas promessas, e essa confiança foi recompensada.

A paciência está diretamente ligada à nossa fé. Quando confiamos em Deus, sabemos que Seus planos são sempre melhores que os nossos, o que nos ajuda a esperar com confiança. Isaías 40:31 nos lembra:

> MAS AQUELES QUE ESPERAM NO SENHOR RENOVAM AS SUAS FORÇAS. VOAM ALTO COMO ÁGUIAS; CORREM E NÃO FICAM EXAUSTOS, ANDAM E NÃO SE CANSAM.

Esperar no Senhor nos dá novas forças e nos capacita a enfrentar as dificuldades com perseverança.

Além disso, a paciência nos ajuda a amadurecer espiritualmente. Tiago 1:4 nos ensina que a perseverança deve completar sua obra, para que sejamos maduros e íntegros, sem que nos falte nada. A espera é uma oportunidade para confiar mais profundamente em Deus e fortalecer nossa fé. Muitas vezes, os momentos em que mais aprendemos sobre Deus e sobre nós mesmos são aqueles em que precisamos esperar.

A esperança em Deus nos sustenta em tempos de incerteza e dificuldade. Em Romanos 15:13, Paulo diz:

> QUE O DEUS DA ESPERANÇA OS ENCHA DE TODA ALEGRIA E PAZ, POR SUA CONFIANÇA NELE, PARA QUE VOCÊS TRANSBORDEM DE ESPERANÇA, PELO PODER DO ESPÍRITO SANTO.

A verdadeira esperança vem de Deus e não depende das circunstâncias, mas da confiança de que Ele está no controle e cumprirá Seus propósitos. Essa esperança nos dá paz para continuar confiando, mesmo quando os resultados não são imediatos.

Jó é um exemplo poderoso de paciência e esperança em meio ao sofrimento. Ele perdeu tudo

— sua família, suas riquezas e sua saúde —, mas continuou confiando em Deus, mesmo sem entender o motivo de suas provações. Sua paciência foi recompensada quando Deus restaurou tudo o que ele havia perdido, mostrando que o Senhor é fiel àqueles que esperam Nele.

A paciência também nos ajuda a lidar com as decepções e os contratempos da vida. Muitas vezes, nossos planos não saem como esperamos, e isso pode gerar frustração. No entanto, ao exercitar a paciência, aprendemos a entregar nossos desejos e expectativas nas mãos de Deus, confiando que Ele sabe o que é melhor. Filipenses 4:6-7 nos lembra que devemos apresentar nossas preocupações a Deus com oração e súplica, e a paz de Deus guardará nossos corações.

A esperança em Deus é uma âncora para a alma. Em Hebreus 6:19, lemos: "Temos esta esperança como âncora da alma, firme e segura." Quando nossa esperança está firmemente ancorada em Deus, somos capazes de enfrentar as tempestades da vida sem sermos abalados. Essa esperança nos dá uma perspectiva eterna, lembrando-nos de que Deus está no controle e que, no final, Seus planos prevalecerão.

Que os jovens aprendam a cultivar a paciência e a esperança em Deus, sabendo que Ele é fiel para cumprir Suas promessas e que, no tempo certo, todas as coisas cooperarão para o bem daqueles que O amam.

Capítulo 2
Ajudando os fracos

Versículo-chave: "Portanto, fortaleçam as mãos enfraquecidas e os joelhos vacilantes."
— (Hebreus 12:12)

A Bíblia nos exorta a auxiliar os fracos e a apoiar aqueles que enfrentam dificuldades. Em um mundo que frequentemente valoriza a força e a autossuficiência, Deus nos recorda que uma das maiores expressões do amor cristão é prestar auxílio aos necessitados, seja no aspecto físico, emocional ou espiritual. A compaixão é uma característica fundamental do caráter de Cristo, e é essencial que os meninos aprendam desde cedo a estender a mão aos que enfrentam adversidades.

Durante seu ministério na terra, Jesus demonstrou compaixão pelos que estavam enfraquecidos e oprimidos. Ele curou os enfermos, alimentou os famintos e ofereceu consolo aos aflitos. Seu exemplo nos ensina a nos preocuparmos profundamente com o bem-estar dos outros e a procurar maneiras de ajudar os que necessitam. Em Mateus 25:40, Jesus disse: "O que vocês fizeram a algum dos meus menores irmãos, a mim o fizeram." Ajudar os fracos é uma forma de servir a Deus.

O apóstolo Paulo, em Gálatas 6:2, nos ensina a "levar os fardos uns dos outros e, assim, cumprir a lei de Cristo". Isso significa que devemos estar dispostos a compartilhar as cargas alheias, ajudando as pessoas a suportar os desafios da vida. Isso pode incluir apoio emocional, encorajamento espiritual ou até mesmo assistência prática, como ajuda financeira ou em tarefas cotidianas. O importante é que estejamos dispostos a sair da nossa zona de conforto para ajudar quem precisa.

A ajuda aos fracos também envolve empatia e compaixão. Romanos 12:15 nos encoraja a "alegrar-nos com os que se alegram e chorar com os que choram". Isso nos chama a sermos sensíveis às necessidades emocionais das pessoas ao nosso redor, prontos para oferecer apoio e consolo quando necessário. A empatia nos permite nos colocarmos no lugar do outro, agindo com amor e compaixão.

Além disso, ajudar os fracos reflete o coração de Deus. O Salmo 68:5-6 nos diz que Deus é "pai para os órfãos e defensor das viúvas", e Ele nos chama a agir da mesma forma. Ao estendermos a mão aos que estão em dificuldade, refletimos o caráter de Deus e demonstramos Seu amor ao mundo. É importante que os meninos compreendam que a ajuda oferecida ao próximo é uma forma de testemunhar o amor de Deus.

Apoiar os fracos também contribui para nosso crescimento espiritual. Quando nos dedicamos a ajudar os outros, somos desafiados a confiar em Deus e a depender Dele para nos capacitar a fazer o bem. A Bíblia nos ensina que "quem dá ao pobre não passará necessidade" (Provérbios 28:27). Ao ajudarmos os necessitados, Deus também cuida de nós e nos abençoa de maneiras inesperadas.

Jesus chamou Seus seguidores a amar e servir uns aos outros. Em João 13:34-35, Ele disse:

> UM NOVO MANDAMENTO LHES DOU: AMEM-SE UNS AOS OUTROS. COMO EU OS AMEI, VOCÊS DEVEM AMAR-SE UNS AOS OUTROS. COM ISSO TODOS SABERÃO QUE VOCÊS SÃO MEUS DISCÍPULOS, SE VOCÊS SE AMAREM UNS AOS OUTROS.

O amor prático, expresso através do serviço aos fracos, é uma maneira de demonstrar ao mundo que somos discípulos de Cristo.

Ajudar os fracos também implica estar atento às necessidades espirituais dos outros. Muitas pessoas ao nosso redor estão enfraquecidas espiritualmente, e é nosso dever, como cristãos, encorajá-las e orar por elas. Hebreus 3:13 nos exorta a "encorajarmos uns aos outros diariamente", para que ninguém se endureça pelo engano do pecado. Quando apoiamos os outros em sua caminhada espiritual, cumprimos o mandamento de amar o próximo como a nós mesmos.

Por fim, ajudar os fracos nos aproxima de Deus. Ao servir ao próximo, seguimos o exemplo de Jesus e nos tornamos mais parecidos com Ele. Marcos 10:45 nos lembra que "o Filho do homem não veio para ser servido, mas para servir e dar a sua vida em resgate por muitos". Que os meninos aprendam a servir e a ajudar os fracos com um coração disposto, refletindo o amor de Deus em suas vidas.

Capítulo 3 Confiança em meio à adversidade

Versículo-chave: "Mesmo quando eu andar por um vale de trevas e morte, não temerei perigo algum, pois tu estás comigo; a tua vara e o teu cajado me protegem."
— (Salmos 23:4)

A confiança em Deus em meio à adversidade é uma das maiores demonstrações de fé. Todos enfrentamos momentos difíceis na vida, mas é durante esses tempos que nossa confiança em Deus é testada e fortalecida. O Salmo 23 nos oferece uma imagem poderosa de como podemos confiar em Deus, mesmo quando caminhamos pelos "vales sombrios" da vida. Ele promete estar conosco, proteger-nos e guiar-nos em meio às dificuldades.

A adversidade é inevitável, mas como cristãos, temos a promessa de que Deus nunca nos abandonará. Deuteronômio 31:8 nos lembra: "O próprio Senhor irá à sua frente e estará com você; ele nunca o deixará, nunca o abandonará. Não tenha medo! Não desanime!"

Essa promessa deve nos dar confiança para enfrentar qualquer desafio, sabendo que Deus está ao nosso lado e que Ele é fiel para nos sustentar.

Um exemplo clássico de confiança em meio à adversidade é a vida de Jó. Jó enfrentou uma série de perdas devastadoras — ele perdeu sua família, sua saúde e suas riquezas. No entanto, mesmo em meio ao seu sofrimento, Jó declarou: "Ainda que ele me mate, nele esperarei" (Jó 13:15). Sua confiança em Deus permaneceu firme, mesmo quando tudo ao seu redor desmoronava. Jó nos ensina que a verdadeira fé confia em Deus, mesmo quando não entendemos o que está acontecendo.

A confiança em Deus também nos dá a coragem para seguir em frente, mesmo quando estamos em situações que parecem impossíveis. Daniel e seus amigos, Sadraque, Mesaque e Abede-Nego, enfrentaram a adversidade quando foram forçados a escolher entre obedecer a Deus ou a um decreto humano. Eles confiaram em Deus e declararam que, mesmo que Deus não os livrasse da fornalha ardente, eles não se curvariam a ídolos (Daniel 3:16-18). Sua confiança inabalável em Deus resultou em uma grande demonstração de Seu poder.

A confiança em meio à adversidade também envolve entregar nossos medos e ansiedades a Deus. Filipenses 4:6-7 nos diz:

> NÃO ANDEM ANSIOSOS POR COISA ALGUMA, MAS EM TUDO, PELA ORAÇÃO E SÚPLICAS, E COM AÇÃO DE GRAÇAS, APRESENTEM SEUS PEDIDOS A DEUS. E A PAZ DE DEUS, QUE EXCEDE TODO O ENTENDIMENTO, GUARDARÁ O CORAÇÃO E A MENTE DE VOCÊS EM CRISTO JESUS.

Quando confiamos em Deus, experimentamos a paz que Ele nos dá, mesmo em meio às circunstâncias mais difíceis.

A adversidade pode nos levar a questionar o propósito de Deus em nossas vidas. No entanto, Romanos 8:28 nos garante que "sabemos que Deus age em todas as coisas para o bem daqueles que o amam, dos que foram chamados segundo o seu propósito". Deus usa até mesmo nossas dificuldades para nos moldar e fortalecer nossa fé. Quando enfrentamos adversidades com confiança em Deus, estamos permitindo que Ele trabalhe em nossas vidas de maneiras que não poderíamos imaginar.

Outro exemplo poderoso de confiança em meio à adversidade é o apóstolo Paulo. Em 2 Coríntios 12:9-10, Paulo falou sobre o "espinho na carne" que ele pediu a Deus para remover, mas a resposta de Deus foi: "Minha graça é suficiente para você, pois o meu poder se aperfeiçoa na fraqueza." Paulo aceitou essa resposta com fé e declarou: "Por isso, por amor de Cristo, regozijo-me nas fraquezas, nos insultos, nas necessidades, nas perseguições, nas angústias. Pois, quando sou fraco, é que sou forte." Sua confiança em Deus o capacitou a enfrentar a adversidade com alegria.

Finalmente, a confiança em meio à adversidade nos aproxima de Deus. Quando dependemos Dele em tempos difíceis, experimentamos Sua presença de maneira mais profunda. Tiago 1:2-3 nos encoraja a considerar motivo de grande alegria o fato de passarmos por provações, porque essas provações produzem perseverança e nos tornam mais maduros na fé.

Que os meninos aprendam a confiar em Deus, mesmo em meio às dificuldades, sabendo que Ele é fiel para guiá-los e sustentá-los em todas as circunstâncias da vida.

Capítulo 4
Fé e obras

Versículo-chave: "Assim como o corpo sem espírito está morto, também a fé sem obras está morta."
— (Tiago 2:26)

A verdadeira fé não é apenas algo que declaramos com palavras, mas algo que se manifesta em nossas ações. A Bíblia é clara ao ensinar que, embora sejamos salvos pela graça por meio da fé, essa fé se torna evidente pelas boas obras que realizamos. Tiago nos ensina que a fé sem obras é morta, o que significa que a verdadeira fé sempre produzirá frutos de obediência e serviço a Deus.

As obras não são o meio pelo qual somos salvos, mas são o resultado natural de uma vida transformada por Cristo. Quando alguém coloca sua fé em Jesus, o Espírito Santo começa a trabalhar em seu coração, moldando seu caráter e conduzindo-o a viver de acordo com a vontade de Deus. Essa transformação se reflete nas obras, que são atos de amor, misericórdia e justiça, realizados para a glória de Deus.

Um exemplo claro de fé que se manifesta em obras é a vida de Abraão. Ele não apenas acreditou nas promessas de Deus, mas agiu com base nessa fé. Quando Deus lhe pediu para sacrificar seu filho Isaque, Abraão obedeceu prontamente, confiando que Deus era fiel para cumprir Suas promessas (Gênesis 22:1-18). Sua obediência demonstrou que sua fé era genuína, e ele é chamado "amigo de Deus" por causa de sua fé ativa.

Da mesma forma, os meninos devem ser ensinados a viver uma fé prática, que se traduz em ações concretas. Isso inclui ajudar os necessitados, ser honesto, respeitar os outros e agir com integridade em todas as situações. Jesus nos ensinou que devemos ser como "sal e luz" no mundo (Mateus 5:13-16), o que significa que nossas vidas devem impactar positivamente aqueles ao nosso redor, refletindo o amor e a verdade de Deus.

As boas obras não são feitas para obter mérito ou reconhecimento, mas como uma resposta de gratidão pelo que Deus fez por nós. Efésios 2:10 nos lembra que fomos "criados em Cristo Jesus para boas obras, as quais Deus preparou de antemão para que nós as praticássemos." Deus já preparou oportunidades para que realizemos boas obras, e cabe a nós, como seguidores de Cristo, estarmos atentos e dispostos a fazer a Sua vontade.

A fé que se traduz em obras também fortalece nossa própria caminhada com Deus. Quando vivemos uma vida de obediência e serviço, experimentamos a alegria e a paz que vêm de fazer a vontade de Deus. As obras de fé nos ajudam a crescer espiritualmente e a nos tornarmos mais parecidos com Jesus, que viveu uma vida de serviço e sacrifício pelos outros.

Além disso, nossas obras são uma forma de testemunho para o mundo. Jesus nos ensinou que nossas boas obras devem brilhar para que as pessoas vejam e glorifiquem a Deus (Mateus 5:16). Quando os meninos vivem sua fé de maneira prática, suas ações podem impactar aqueles ao seu redor, apontando-os para Cristo. O mundo está observando, e nossas vidas devem refletir a fé que professamos.

No entanto, é importante lembrar que as boas obras não substituem a fé. Somos salvos pela graça, e não pelas obras (Efésios 2:8-9). As obras são o fruto da salvação, e não a raiz dela. A fé é a base de nossa relação com Deus, e as obras são uma expressão dessa fé. Sem fé, as obras não têm valor espiritual, mas com fé, elas se tornam atos de adoração e obediência a Deus.

Por fim, Tiago 1:22 nos adverte: "Sejam praticantes da palavra, e não apenas ouvintes, enganando-se a si mesmos." A fé verdadeira nos leva a agir. Não podemos simplesmente ouvir a Palavra de Deus e não a colocar em prática. A fé que não resulta em obras é uma fé incompleta, mas a fé que se traduz em ações é viva e poderosa.

Que os meninos aprendam a viver uma fé ativa e prática, sempre dispostos a realizar as boas obras que Deus preparou para eles, e que suas vidas sejam um reflexo da transformação que vem por meio de Cristo.

Capítulo 5
Oração e comunhão com Deus

Versículo-chave: "Orem continuamente."
— (1 Tessalonicenses 5:17)

A oração é a base do relacionamento de um cristão com Deus. É por meio da oração que nos comunicamos com nosso Pai celestial, apresentando nossas necessidades, agradecimentos, louvores e pedidos de orientação. A Bíblia nos ensina a orar continuamente, o que significa que a oração deve ser uma parte constante e ativa de nossas vidas. Os meninos precisam aprender desde cedo a importância da oração e como ela fortalece sua comunhão com Deus.

Jesus, durante Seu ministério na terra, nos deu um exemplo poderoso de uma vida de oração. Ele frequentemente se retirava para lugares solitários para orar e buscar a direção do Pai (Lucas 5:16). Se o próprio Filho de Deus sentiu a necessidade de orar constantemente, quanto mais nós precisamos cultivar uma vida de oração. A oração nos conecta com Deus e nos dá força, sabedoria e paz para enfrentar os desafios da vida.

A oração não precisa ser algo complicado ou formal. Jesus ensinou Seus discípulos a orar com simplicidade, usando o Pai-Nosso como modelo (Mateus 6:9-13). A oração é um diálogo sincero com Deus, em que abrimos nossos corações e compartilhamos tudo o que estamos vivendo. Deus se importa com cada detalhe de nossas vidas, e Ele deseja que venhamos a Ele com todas as nossas preocupações, dúvidas e alegrias.

A oração é também uma forma de entregar nossos problemas e ansiedades a Deus. Filipenses 4:6-7 nos encoraja a "não andarmos ansiosos por coisa alguma, mas em tudo, pela oração e súplicas, e com ação de graças, apresentar nossos pedidos a Deus." Quando oramos, estamos declarando nossa confiança de que Deus está no controle e que Ele tem poder para agir em nossas vidas. A oração nos dá paz em meio às adversidades, porque sabemos que Deus está cuidando de nós.

Além de apresentar nossas necessidades, a oração é uma oportunidade de ouvir a voz de Deus. Muitas vezes, pensamos na oração apenas como um monólogo, mas é importante lembrar que Deus também deseja falar conosco. Por meio da oração e da meditação na Palavra, podemos discernir a direção e a vontade de Deus para nossas vidas. João 10:27 diz: "As minhas ovelhas ouvem a minha voz; eu as conheço, e elas me seguem." A oração nos permite alinhar nossos corações com o coração de Deus.

A oração também nos fortalece para vencer as tentações e desafios espirituais. Jesus disse aos Seus discípulos no jardim do Getsêmani: "Vigiem e orem para que não caiam em tentação" (Mateus 26:41). Quando oramos, estamos buscando a ajuda de Deus para resistir ao pecado e para nos mantermos firmes na fé. A oração é uma arma poderosa contra as investidas do inimigo.

Além disso, a oração nos ajuda a desenvolver gratidão. Quando agradecemos a Deus em oração por Suas bênçãos e provisão, nosso coração se enche de gratidão e alegria. O salmista nos encoraja a "entrar por suas portas com ações de graças e nos seus átrios com louvor" (Salmos 100:4). A oração de gratidão nos lembra de que tudo o que temos vem de Deus e nos ajuda a reconhecer Sua bondade em todas as circunstâncias.

A comunhão com Deus por meio da oração também nos aproxima Dele. Tiago 4:8 nos exorta a nos aproximarmos de Deus, e Ele se aproximará de nós. Quando passamos tempo em oração, nossa intimidade com Deus cresce e nos tornamos mais sensíveis à Sua presença em nossas vidas. Essa comunhão nos transforma e nos fortalece para viver de acordo com a vontade de Deus.

Finalmente, a oração é uma forma de interceder pelos outros. Em 1 Timóteo 2:1, Paulo nos exorta a orar por todas as pessoas, incluindo autoridades e aqueles que estão em necessidade. A intercessão é uma maneira de servir aos outros e de participar do plano de Deus para abençoar e transformar vidas. Os meninos devem aprender que suas orações podem impactar não apenas suas próprias vidas, mas também as vidas daqueles ao seu redor.

Que os meninos aprendam a importância da oração contínua e a alegria de estar em comunhão com Deus todos os dias, sabendo que Ele é um Pai amoroso que ouve e responde às suas orações.

Capítulo 6
Sacrifício e amor ao próximo

Versículo-chave: "Ninguém tem maior amor do que aquele que dá a sua vida pelos seus amigos."
— (João 15:13)

O amor ao próximo é um dos mandamentos centrais da fé cristã, e esse amor é frequentemente expresso por meio de sacrifício. Jesus nos deu o exemplo supremo de amor sacrificial quando entregou Sua vida por nós na cruz. Ele nos ensinou que o amor verdadeiro vai além das palavras e se manifesta em ações que muitas vezes exigem que coloquemos as necessidades dos outros à frente das nossas. Os meninos precisam aprender desde cedo que o amor ao próximo envolve servir e sacrificar, assim como Jesus fez.

O sacrifício não significa necessariamente dar a vida física por alguém, como Jesus fez, mas envolve abrir mão de algo que valorizamos para o bem de outra pessoa. Isso pode incluir nosso tempo, nossos recursos ou até mesmo nosso conforto. Em 1 João 3:16-18, lemos:

NISTO CONHECEMOS O QUE É O AMOR: JESUS CRISTO DEU A SUA VIDA POR NÓS, E DEVEMOS DAR A NOSSA VIDA POR NOSSOS IRMÃOS. SE ALGUÉM TIVER RECURSOS MATERIAIS E, VENDO SEU IRMÃO EM NECESSIDADE, NÃO SE COMPADECER DELE, COMO PODE PERMANECER NELE O AMOR DE DEUS? FILHINHOS, NÃO AMEMOS DE PALAVRA NEM DE BOCA, MAS EM AÇÃO E EM VERDADE.

O verdadeiro amor é demonstrado em ação.

O sacrifício por amor ao próximo também reflete o caráter de Cristo em nós. Jesus disse que todos saberiam que somos Seus discípulos pelo amor que demonstramos uns aos outros (João 13:35). Quando vivemos de maneira altruísta, estamos refletindo o amor de Deus para o mundo. Os meninos devem ser ensinados a ver as necessidades dos outros e a agir com compaixão, colocando o bem-estar do próximo acima de suas próprias conveniências.

Amar o próximo muitas vezes exige que abandonemos nosso egoísmo e orgulho. Em Filipenses 2:3-4, Paulo nos instrui: “Nada façam por ambição egoísta ou por vaidade, mas, humildemente, considerem os outros superiores a vocês mesmos. Cada um cuide, não somente dos seus interesses, mas também dos interesses dos outros.” O sacrifício começa com uma atitude de humildade e disposição de servir, e não de buscar nossos próprios interesses.

Além disso, o amor sacrificial é uma maneira de construir relacionamentos fortes e saudáveis. Quando estamos dispostos a sacrificar por aqueles que amamos, demonstramos que realmente nos importamos com eles. Isso fortalece os laços de amizade, família e comunidade. Jesus nos ensinou a amar até mesmo nossos inimigos e a orar por aqueles que nos perseguem (Mateus 5:44). Esse tipo de amor exige sacrifício e disposição de perdoar, mesmo quando não somos tratados da mesma forma.

O sacrifício também nos ensina a depender mais de Deus. Quando abrimos mão de algo por amor ao próximo, estamos confiando que Deus suprirá nossas necessidades. Mateus 6:33 nos lembra que, se buscarmos primeiro o Reino de Deus e a Sua justiça, todas as outras coisas nos serão acrescentadas. O sacrifício por amor ao próximo nos ajuda a viver com uma fé prática, confiando que Deus está no controle e que Ele proverá para nós à medida que servimos aos outros.

Além disso, o amor sacrificial transforma vidas. Quando demonstramos amor por meio de ações concretas, podemos impactar profundamente a vida de alguém. Uma palavra de encorajamento, um ato de generosidade ou um gesto de bondade podem ser usados por Deus para mudar o curso da vida de uma pessoa. Jesus frequentemente falava sobre a importância de servir e ajudar os necessitados, e Ele nos chama a seguir Seu exemplo de amor sacrificial.

O sacrifício também nos aproxima de Deus. Quando amamos e servimos ao próximo, estamos cumprindo o maior mandamento: amar a Deus acima de tudo e amar o próximo como a nós mesmos (Mateus 22:37-39). Esse amor sacrificial nos ajuda a crescer espiritualmente e a nos tornar mais parecidos com Cristo.

Que os meninos aprendam a viver o amor sacrificial, sempre dispostos a servir e a colocar as necessidades dos outros à frente das suas, refletindo o amor de Cristo em suas vidas diárias.

PARTE 5: CRESCIMENTO PESSOAL E ESPIRITUAL

Capítulo 1 Saber lidar com o fracasso

Versículo-chave: "O Senhor firma os passos de um homem, quando a conduta deste o agrada; 24 ainda que tropece, não cairá, pois o Senhor o toma pela mão."
— (Salmos 37:23-24)

Todos nós enfrentamos fracassos em algum momento de nossas vidas. No entanto, o que define uma pessoa não é o fracasso em si, mas como ela lida com ele. A Bíblia nos ensina que mesmo quando tropeçamos, Deus está ao nosso lado, pronto para nos levantar e nos ajudar a seguir em frente. Aprender a lidar com o fracasso de maneira saudável e confiante é uma parte essencial do crescimento espiritual e emocional. Os meninos precisam ser ensinados que o fracasso não é o fim, mas uma oportunidade para crescer, aprender e confiar mais em Deus.

Pedro é um exemplo bíblico claro de alguém que enfrentou o fracasso, mas soube lidar com ele de maneira redentora. Ele negou Jesus três vezes, um fracasso doloroso e público. No entanto, Pedro se arrependeu profundamente e foi restaurado por Jesus, que o perdoou e lhe confiou grandes responsabilidades no Reino de Deus (João 21:15-19). Isso nos ensina que Deus não nos abandona em nossos fracassos, mas está sempre disposto a nos restaurar quando nos voltamos para Ele com arrependimento.

Lidar com o fracasso começa com a humildade para reconhecer nossos erros. Muitas vezes, nosso orgulho pode nos impedir de admitir que falhamos. No entanto, a Bíblia nos ensina que "Deus se opõe aos orgulhosos, mas concede graça aos humildes" (Tiago 4:6). Quando somos humildes diante de Deus e reconhecemos nossas falhas, recebemos a graça e o perdão que nos permitem seguir em frente.

Outro aspecto importante de lidar com o fracasso é aprender com ele. O fracasso pode ser um grande professor, se estivermos dispostos a refletir sobre o que deu errado e como podemos melhorar. Provérbios 24:16 nos lembra que "o justo cai sete vezes, e se levanta". Isso significa que o fracasso não deve nos desencorajar, mas nos motivar a nos levantarmos e continuar tentando. Cada tropeço pode nos ensinar algo novo e nos ajudar a nos tornarmos mais fortes e sábios.

A maneira como lidamos com o fracasso também é uma oportunidade de testemunho para os outros. Quando os meninos enfrentam o fracasso com coragem, confiança em Deus e determinação, eles estão mostrando ao mundo que sua esperança não está em seu próprio desempenho, mas em Deus. Isso é um testemunho poderoso de fé, porque revela que confiamos em Deus, não apenas em momentos de sucesso, mas também nos momentos difíceis.

Deus também usa o fracasso para nos moldar e nos preparar para futuras responsabilidades. Muitas vezes, o fracasso é uma oportunidade para fortalecer nosso caráter e nossa dependência de Deus. Jó, por exemplo, passou por um período de grande sofrimento e perda, mas no final, Deus o restaurou e o abençoou com mais do que ele havia perdido (Jó 42:10). O fracasso pode ser parte do processo de Deus para nos preparar para algo maior.

Quando enfrentamos o fracasso, é essencial lembrar que nossa identidade está em Cristo, e não em nossas realizações ou erros. Romanos 8:1 nos garante que “agora, pois, já não há condenação para os que estão em Cristo Jesus”. Isso significa que, mesmo quando falhamos, Deus não nos condena, mas nos convida a nos levantar e continuar andando em Sua graça.

Além disso, lidar com o fracasso de maneira saudável inclui buscar encorajamento e apoio de outros. Em Gálatas 6:2, Paulo nos instrui a “levar os fardos uns dos outros”. Compartilhar nossas lutas e fracassos com amigos e mentores piedosos pode nos ajudar a ver a situação de uma nova perspectiva e a encontrar força para seguir em frente.

Por fim, o fracasso nos lembra que nossa força vem de Deus, e não de nós mesmos. Paulo experimentou essa realidade quando pediu a Deus que removesse o “espinho na carne”, mas Deus respondeu: “Minha graça é suficiente para você, pois o meu poder se aperfeiçoa na fraqueza” (2 Coríntios 12:9). O fracasso nos humilha e nos ensina a confiar mais profundamente na graça e no poder de Deus.

Que os meninos aprendam a lidar com o fracasso com humildade, sabedoria e confiança em Deus, sabendo que Ele está sempre pronto para restaurar e fortalecer aqueles que se voltam para Ele.

Capítulo 2
Cuidando da criação de Deus

Versículo-chave: "O Senhor Deus colocou o homem no jardim do Éden para cuidar dele e cultivá-lo."
— (Gênesis 2:15)

Desde o início, Deus confiou ao ser humano a responsabilidade de cuidar da criação. Quando Deus criou Adão e o colocou no jardim do Éden, Ele lhe deu a tarefa de cultivar e guardar a terra. Isso nos ensina que cuidar do mundo ao nosso redor faz parte do nosso chamado como seres humanos e como seguidores de Cristo. Os meninos precisam aprender que cuidar da criação de Deus não é apenas uma questão ambiental, mas um ato de obediência e mordomia bíblica.

A criação revela a glória de Deus. O Salmo 19:1 declara: "Os céus declaram a glória de Deus; o firmamento proclama a obra das suas mãos." Cada parte da criação – desde as montanhas até os mares, desde os animais até as plantas – foi criada por Deus para refletir Sua beleza, poder e sabedoria. Quando cuidamos da criação, estamos honrando o Criador e reconhecendo o valor do mundo que Ele fez.

Cuidar da criação de Deus inclui ser responsável com os recursos que Ele nos deu. Isso significa evitar o desperdício, conservar o que temos e utilizar os recursos da terra de maneira sábia e sustentável. Quando somos bons mordomos da criação, estamos cumprindo o mandato que Deus nos deu para "dominar" a terra de forma que glorifique a Ele e proteja as gerações futuras (Gênesis 1:28).

Além disso, cuidar da criação de Deus nos ensina a viver com gratidão. Quando olhamos para o mundo ao nosso redor e reconhecemos que tudo é um presente de Deus, somos levados a agradecer por Sua provisão e por tudo o que Ele criou. O cuidado com a criação nos lembra que dependemos de Deus para nossa sobrevivência e que Ele é o provedor de tudo o que precisamos. A criação é um testemunho constante da fidelidade e generosidade de Deus.

Outro aspecto importante de cuidar da criação é proteger os mais vulneráveis. Muitas vezes, os mais pobres e necessitados são os mais afetados pela degradação ambiental e pela má administração dos recursos naturais. A Bíblia nos chama a defender e cuidar dos fracos e oprimidos (Provérbios 31:8-9), e isso inclui proteger a terra para que todos possam desfrutar de seus recursos. Os meninos precisam aprender que cuidar da criação é uma maneira de demonstrar amor ao próximo e de buscar a justiça.

Cuidar da criação também nos ensina a ser humildes. Quando observamos a grandiosidade da natureza, somos lembrados de nossa pequenez diante da grandeza de Deus. Jó 38–39 é um lembrete impressionante da imensidão da criação e de como Deus está no controle de tudo. A criação nos coloca em nosso lugar, mostrando que somos apenas uma pequena parte do plano de Deus, mas que temos a responsabilidade de cuidar daquilo que Ele nos confiou.

A Bíblia também nos alerta sobre as consequências de negligenciar a criação de Deus. Em Jeremias 12:4, o profeta lamenta que "a terra está de luto e secaram-se os pastos". Quando abusamos dos recursos naturais ou destruímos o meio ambiente, estamos desobedecendo ao mandato de Deus de cuidar da terra. O cuidado com a criação é uma maneira de evitar as consequências negativas que a má administração pode trazer para o mundo ao nosso redor.

Além disso, cuidar da criação de Deus nos ensina a viver com simplicidade e contentamento. Quando aprendemos a valorizar o que Deus nos deu e a usar os recursos de maneira responsável, descobrimos que podemos viver de maneira mais simples e satisfeita. A criação nos ensina que Deus nos dá tudo o que precisamos para viver, e que o contentamento é uma parte importante da vida cristã (1 Timóteo 6:6-8).

Por fim, cuidar da criação de Deus é uma maneira de refletir o caráter de Cristo. Jesus é o Criador e Sustentador de todas as coisas (Colossenses 1:16-17), e Ele nos chama a seguir Seu exemplo de cuidado e compaixão. Quando cuidamos da terra e dos seres vivos, estamos imitando o amor de Cristo por toda a criação.

Que os meninos aprendam a valorizar e cuidar da criação de Deus, reconhecendo que este mundo é um presente do Criador e que fomos chamados a ser bons mordomos de tudo o que Ele nos confiou.

Capítulo 3
Liderança com humildade

Versículo-chave: "Não será assim entre vocês. Ao contrário, quem quiser tornar-se importante entre vocês deverá ser servo."
— (Marcos 10:43)

Liderança no Reino de Deus é diferente da liderança no mundo. Jesus nos ensinou que a verdadeira liderança é servil — não se trata de buscar poder ou status, mas de servir aos outros com humildade e amor. Os meninos precisam entender que ser um líder, segundo os princípios bíblicos, significa estar disposto a colocar as necessidades dos outros à frente das suas e a guiar com um coração de servo, assim como Jesus fez.

Jesus é o exemplo supremo de liderança com humildade. Ele lavou os pés dos discípulos, um ato que na época era reservado para os servos (João 13:1-17). Ao fazer isso, Jesus nos mostrou que a verdadeira lideran-ça envolve servir aos outros, independentemente de nossa posição. Ele nos ensinou que, para sermos grandes no Reino de Deus, devemos primeiro ser servos.

Liderança com humildade começa com reconhecer que toda autoridade vem de Deus. Romanos 13:1 nos lembra que "não há autoridade que não venha de Deus". Isso significa que qualquer posição de liderança que recebemos é um presente e uma responsabilidade dada por Deus. Devemos usar essa autoridade com sabedoria e humildade, sempre lembrando que estamos servindo a Deus e às pessoas que Ele colocou sob nossa responsabilidade.

A humildade é uma qualidade essencial para a liderança eficaz. Filipenses 2:3 nos exorta a "nada fazer por ambição egoísta ou por vaidade, mas, humildemente, considerar os outros superiores a nós mesmos". Um líder humilde não busca reconhecimento ou aplausos, mas se preocupa genuinamente com o bem-estar daqueles a quem serve. A humildade permite que os líderes sejam sensíveis às necessidades dos outros e estejam dispostos a aprender com aqueles ao seu redor.

Além disso, um líder com humildade é alguém que busca a orientação de Deus em todas as decisões. Salomão, o rei mais sábio de Israel, pediu a Deus sabedoria para governar o povo (1 Reis 3:9). Ele reconheceu sua necessidade de dependência total de Deus para liderar de maneira eficaz. Os meninos devem ser ensinados que a verdadeira liderança não é baseada em suas próprias habilidades ou conhecimento, mas em sua confiança em Deus e em Sua sabedoria.

A liderança com humildade também envolve ser um exemplo. Paulo disse em 1 Coríntios 11:1: "Sejam meus imitadores, como eu sou de Cristo." Um líder deve ser um exemplo vivo do que significa seguir a Cristo, demonstrando em suas ações o amor, a compaixão, a integridade e o serviço. Os meninos devem aprender que, como líderes, suas vidas são observadas, e é importante viver de maneira que glorifique a Deus.

O orgulho é um inimigo da liderança com humildade. Provérbios 16:18 nos alerta que "o orgulho vem antes da destruição; o espírito altivo, antes da queda". Um líder que se deixa dominar pelo orgulho se torna distante e insensível às necessidades dos outros. A humildade, por outro lado, mantém o líder sensível e compassivo, pronto para servir e guiar com amor e justiça.

Liderança com humildade também significa estar disposto a ouvir. Tiago 1:19 nos ensina a ser "prontos para ouvir, tardios para falar e tardios para se irar". Um bom líder é alguém que ouve as preocupações e sugestões dos outros, e que está disposto a aprender e a crescer. A humildade permite que o líder reconheça que não sabe tudo e que pode aprender com aqueles que estão ao seu redor.

Finalmente, a liderança com humildade traz bênçãos. Jesus disse que "os humildes serão exaltados" (Lucas 14:11). Quando lideramos com humildade, Deus nos honra e nos capacita a fazer uma diferença duradoura na vida dos outros. A liderança servil reflete o coração de Cristo e impacta positivamente aqueles que são liderados.

Que os meninos aprendam a liderar com humildade, seguindo o exemplo de Jesus, que veio para servir e não para ser servido, e que suas vidas sejam um reflexo do caráter de Cristo à medida que guiam e servem aos outros.

Capítulo 4 Disciplina e autocontrole

Versículo-chave: "O tolo dá vazão à sua ira, mas o sábio domina-se."
— (Provérbios 29:11)

A disciplina e o autocontrole são virtudes essenciais para o desenvolvimento pessoal e espiritual de qualquer cristão. Elas nos ajudam a viver de maneira ordenada e em conformidade com a vontade de Deus, controlando nossos impulsos e desejos para que possamos refletir o caráter de Cristo. A Bíblia nos ensina que uma vida disciplinada é uma vida de sabedoria, e o autocontrole é uma expressão de maturidade e fidelidade a Deus. Os meninos precisam aprender a importância de controlar suas emoções, ações e desejos, confiando no poder do Espírito Santo para ajudá-los a viver de acordo com os princípios de Deus.

Paulo descreve o autocontrole como parte do fruto do Espírito em Gálatas 5:22-23. Isso nos mostra que o autocontrole não é algo que conseguimos por nossa própria força, mas é um fruto que o Espírito Santo produz em nós à medida que nos rendemos a Ele. O autocontrole nos capacita a tomar decisões sábias e a evitar o pecado, mesmo quando somos tentados. Quando somos disciplinados e controlados pelo Espírito, nossas vidas refletem o caráter de Deus.

Um exemplo bíblico de disciplina e autocontrole é a vida de José. Quando foi tentado pela esposa de Potifar, José fugiu da situação, demonstrando autocontrole e temor a Deus (Gênesis 39:6-12). Ele sabia que ceder à tentação traria consequências destrutivas, tanto para sua vida quanto para seu relacionamento com Deus. Sua disciplina e autocontrole o mantiveram fiel a Deus, mesmo em uma situação de extrema pressão.

A disciplina envolve mais do que apenas controlar nossas emoções. Ela também está relacionada à maneira como organizamos nossas vidas e priorizamos nosso tempo. Provérbios 13:4 nos diz que "o preguiçoso deseja e nada consegue, mas os desejos do diligente são amplamente satisfeitos." Os meninos precisam aprender desde cedo a importância da diligência, do trabalho árduo e de desenvolver hábitos saudáveis que os ajudem a crescer em todas as áreas de suas vidas.

O autocontrole também é crucial para lidar com a raiva e outras emoções fortes. A Bíblia nos ensina que "quem é paciente mostra grande entendimento, mas quem se irrita facilmente revela insensatez" (Provérbios 14:29). A raiva mal controlada pode causar muitos danos, tanto a nós mesmos quanto aos outros. No entanto, quando praticamos o autocontrole, aprendemos a reagir com sabedoria e calma, mesmo em situações frustrantes.

Além disso, o autocontrole é necessário para resistir às tentações que encontramos no mundo. Tiago 1:14-15 nos ensina que "cada um é tentado quando atraído e seduzido por seu próprio desejo." O autocontrole nos ajuda a dizer "não" aos desejos pecaminosos e a viver de acordo com a vontade de Deus. Quando nos disciplinamos e cultivamos o autocontrole, estamos fortalecendo nossa fé e nos protegendo contra as armadilhas do pecado.

A disciplina e o autocontrole também são fundamentais para o crescimento espiritual. Eles nos ajudam a manter uma vida de oração, estudo bíblico e comunhão com Deus. Em 1 Coríntios 9:25-27, Paulo compara a vida cristã a uma corrida, na qual devemos nos disciplinar e lutar para alcançar a coroa da vida eterna. Assim como um atleta se disciplina para alcançar a vitória, os meninos devem aprender a importância de disciplinar suas vidas espirituais, dedicando tempo a Deus e buscando a santidade.

Outro aspecto da disciplina é a capacidade de perseverar diante das dificuldades. Hebreus 12:11 nos lembra que "nenhuma disciplina parece ser motivo de alegria no momento, mas de tristeza. Mais tarde, porém, produz fruto de justiça e paz para aqueles que por ela foram exercitados." A disciplina pode ser difícil, mas ela nos molda e nos fortalece, produzindo frutos duradouros em nossa vida espiritual.

Por fim, a disciplina e o autocontrole trazem paz e ordem à nossa vida. Quando somos disciplinados, evitamos muitos problemas causados pela impulsividade e pelas más decisões. Provérbios 25:28 nos adverte: "Como a cidade com seus muros derrubados, assim é quem não sabe dominar-se." Sem autocontrole, ficamos vulneráveis ao pecado e às suas consequências. Mas, com disciplina, podemos viver uma vida que honra a Deus e reflete Sua sabedoria.

Que os meninos aprendam a valorizar a disciplina e o autocontrole, buscando a força do Espírito Santo para viver de maneira sábia e fiel, refletindo o caráter de Cristo em suas atitudes e escolhas.

Capítulo 5
O poder do perdão

Versículo-chave: "Suportem-se uns aos outros e perdoem as queixas que tiverem uns contra os outros. Perdoem como o Senhor lhes perdoou."
— (Colossenses 3:13)

O perdão é um dos atos mais poderosos e transformadores que podemos realizar como cristãos. Deus nos chama a perdoar, assim como Ele nos perdoou, e essa prática tem o poder de libertar tanto quem perdoa quanto quem é perdoado. A Bíblia está repleta de ensinamentos sobre o perdão, e os meninos precisam aprender desde cedo que, embora o perdão possa ser difícil, ele é essencial para a cura, a paz e a reconciliação. O perdão reflete o coração de Deus e é um testemunho poderoso de Sua graça.

Jesus deu grande ênfase ao perdão em Seus ensinamentos. Na oração do Pai-Nosso, Ele nos instrui a orar: "Perdoa-nos as nossas dívidas, assim como perdoamos aos nossos devedores" (Mateus 6:12). Isso nos mostra que o perdão não é opcional, mas uma parte fundamental da vida cristã. Assim como Deus nos perdoa de nossos pecados, devemos estender esse mesmo perdão aos outros, mesmo quando isso é difícil ou doloroso.

Um exemplo poderoso de perdão na Bíblia é o de José, que perdoou seus irmãos por terem o vendido como escravo. Embora José tivesse todas as razões para guardar rancor, ele escolheu perdoar, reconhecendo que Deus havia usado o mal que seus irmãos lhe fizeram para um bem maior (Gênesis 50:20). O perdão de José não apenas restaurou seu relacionamento com seus irmãos, mas também trouxe reconciliação e paz à sua família.

O perdão não significa que estamos minimizando o que aconteceu ou justificando o erro. Pelo contrário, o perdão é uma decisão de liberar a outra pessoa de qualquer dívida emocional ou espiritual. Romanos 12:19 nos ensina a deixar a vingança nas mãos de Deus, pois Ele é o justo juiz. Quando escolhemos perdoar, estamos confiando a Deus a justiça e abrindo mão do nosso direito de retaliar ou guardar rancor.

O perdão também nos liberta emocionalmente. Quando não perdoamos, carregamos o peso do ressentimento, da amargura e da raiva. Isso pode nos prejudicar física, emocional e espiritualmente. Hebreus 12:15 nos adverte a não permitir que uma "raiz de amargura" cresça em nosso coração, porque ela pode causar grandes danos. O perdão, por outro lado, nos traz paz, cura e liberdade.

Além disso, o perdão é uma forma de imitar o caráter de Deus. Deus nos perdoou completamente em Cristo, e Ele nos chama a perdoar os outros da mesma maneira. Efésios 4:32 nos instrui: "Sejam bondosos e compassivos uns para com os outros, perdoando-se mutuamente, assim como Deus os perdoou em Cristo." Quando perdoamos, estamos demonstrando o amor e a compaixão de Deus em nossas vidas.

O perdão também é essencial para manter relacionamentos saudáveis. Todos cometemos erros, e é inevitável que, em algum momento, alguém nos magoe ou que magoemos alguém. O perdão nos permite superar esses momentos e restaurar os relacionamentos. Jesus nos ensinou a perdoar "setenta vezes sete" (Mateus 18:22), o que significa que devemos perdoar continuamente, sem guardar rancor.

Outro aspecto importante do perdão é que ele traz reconciliação. Embora o perdão não garanta automaticamente a restauração de um relacionamento, ele abre a porta para a reconciliação. Romanos 12:18 nos encoraja a viver em paz com todos, na medida do possível. O perdão é o primeiro passo nesse processo de paz e reconciliação.

Finalmente, o perdão nos aproxima de Deus. Quando perdoamos, estamos em sintonia com o coração de Deus e experimentamos Sua graça de maneira mais profunda. Jesus disse que, se não perdoarmos aos outros, também não seremos perdoados (Mateus 6:15). Isso mostra o quanto Deus valoriza o perdão e o quanto ele é crucial para nossa caminhada espiritual.

Que os meninos aprendam a praticar o poder do perdão, sabendo que ele traz cura, paz e restauração tanto para eles quanto para os outros, e que reflete o amor e a graça de Deus em suas vidas.

Capítulo 6
Viver com propósito

Versículo-chave: "Porque somos criação de Deus realizada em Cristo Jesus para fazermos boas obras, as quais Deus preparou antes para nós as praticarmos."
— (Efésios 2:10)

Deus criou cada pessoa com um propósito único e especial. Viver com propósito significa entender que fomos criados por Deus com um plano em mente e que Ele tem uma missão para cada um de nós. Os meninos precisam aprender que sua vida tem significado e valor, e que Deus os chamou para viver de maneira intencional, cumprindo o propósito para o qual foram criados. Esse propósito não é apenas para esta vida, mas tem implicações eternas.

O salmista reconheceu o valor e a singularidade de sua vida ao declarar: "Tu criaste o íntimo do meu ser e me teceste no ventre de minha mãe" (Salmos 139:13). Deus não nos criou por acaso; Ele nos formou com cuidado e intencionalidade. Cada menino precisa entender que sua vida tem um propósito que vai além do que o mundo pode oferecer, e que esse propósito está enraizado em seu relacionamento com Deus.

Parte de viver com propósito é reconhecer que fomos criados para glorificar a Deus. Isaías 43:7 nos lembra que fomos criados para a glória de Deus. Isso significa que tudo o que fazemos — desde nossas escolhas diárias até as grandes decisões de vida — deve refletir o desejo de honrar e glorificar o nosso Criador. Quando vivemos com o propósito de glorificar a Deus, nossas vidas se tornam um testemunho de Seu amor e poder.

Viver com propósito também significa buscar a vontade de Deus em todas as áreas de nossa vida. Provérbios 3:5-6 nos instrui a "confiar no Senhor de todo o coração e não se apoiar em nosso próprio entendimento; em todos os nossos caminhos, devemos reconhecer a Deus, e Ele endireitará as nossas veredas." Isso nos ensina que, para viver com propósito, devemos depender de Deus e buscar Sua orientação em tudo o que fazemos.

Outro aspecto importante de viver com propósito é servir aos outros. Jesus nos ensinou que a grandeza no Reino de Deus é medida pelo serviço. Ele disse: "Quem quiser tornar-se importante entre vocês deverá ser servo" (Marcos 10:43). Quando vivemos com propósito, estamos dispostos a usar nossos dons, talentos e recursos para abençoar os outros e fazer a diferença no mundo ao nosso redor.

Deus também nos chama a viver com propósito em meio às provações e desafios. Jeremias 29:11 nos lembra que Deus tem planos de nos fazer prosperar e de nos dar um futuro cheio de esperança, mesmo quando enfrentamos dificuldades. Viver com propósito nos dá a força para perseverar, sabendo que Deus está trabalhando em todas as coisas para o nosso bem (Romanos 8:28).

Além disso, viver com propósito significa estar disposto a seguir a direção de Deus, mesmo quando isso exige sacrifício. Abraão é um exemplo de alguém que viveu com propósito. Quando Deus o chamou para deixar sua terra e seguir para uma terra desconhecida, Abraão obedeceu, confiando no plano de Deus para sua vida (Gênesis 12:1-4). Sua disposição de seguir o propósito de Deus o levou a se tornar o pai de uma grande nação.

Por fim, viver com propósito nos traz alegria e satisfação. Quando entendemos que nossa vida tem um significado maior e que estamos cumprindo o plano de Deus, experimentamos uma profunda alegria e paz. O propósito de Deus para nós é bom, e Ele deseja que vivamos uma vida abundante em Sua presença (João 10:10). Cumprir esse propósito nos dá um senso de realização que nada neste mundo pode oferecer.

Que os meninos aprendam a viver com propósito, reconhecendo que foram criados por Deus com um plano especial e que, ao buscar a vontade de Deus e servir aos outros, eles estão cumprindo seu chamado divino e experimentando a verdadeira alegria em Cristo.

PARTE 6: VIDA EM COMUNIDADE E RESPONSABILIDADE

Capítulo 1
Amor ao próximo

Versículo-chave: "E o segundo é semelhante a ele: 'Ame o seu próximo como a si mesmo.'" — (Mateus 22:39)

O amor ao próximo é um dos mandamentos mais importantes que Jesus nos deu, e é fundamental para a vida cristã. Jesus disse que o amor ao próximo está no mesmo nível de importância que o amor a Deus. Esse amor não é apenas uma emoção, mas uma escolha e um compromisso de agir em benefício dos outros, demonstrando compaixão, bondade e generosidade. Os meninos precisam aprender que amar ao próximo é uma expressão de obediência a Deus e reflete o caráter de Cristo.

O exemplo máximo de amor ao próximo foi demonstrado por Jesus, que, mesmo sendo o Filho de Deus, veio ao mundo para servir e dar a Sua vida em resgate por muitos (Marcos 10:45). Ele curou os enfermos, alimentou os famintos e, acima de tudo, sacrificou Sua vida para nos salvar. Jesus nos chama a seguir Seu exemplo, vivendo uma vida de serviço e amor ao próximo.

Amar ao próximo inclui tratar as pessoas com dignidade e respeito, independentemente de quem elas sejam. Tiago 2:1 nos adverte contra o favoritismo, lembrando-nos de que devemos tratar todas as pessoas com justiça, sem fazer distinções baseadas em aparências ou status social. Os meninos devem ser ensinados a valorizar e respeitar cada pessoa como alguém criado à imagem de Deus.

Além disso, o amor ao próximo se manifesta por meio da compaixão pelos necessitados. Em 1 João 3:17, lemos:

> SE ALGUÉM TIVER RECURSOS MATERIAIS E, VENDO SEU IRMÃO EM NECESSIDADE, NÃO SE COMPADECER DELE, COMO PODE PERMANECER NELE O AMOR DE DEUS?

Amar ao próximo significa estar disposto a compartilhar o que temos e ajudar aqueles que estão em necessidade. Isso pode incluir doações, atos de serviço, ou simplesmente estar presente para apoiar alguém emocionalmente.

Jesus nos ensinou que devemos amar até mesmo nossos inimigos. Em Mateus 5:44, Ele disse: “Amem os seus inimigos e orem por aqueles que os perseguem.” Esse tipo de amor não é natural, mas é uma evidência do poder transformador de Deus em nossas vidas. Os meninos devem aprender que o verdadeiro amor cristão transcende os sentimentos e exige uma disposição de perdoar e buscar o bem daqueles que nos magoam.

O amor ao próximo também nos chama a viver em comunidade. Em Romanos 12:10, Paulo nos exorta: “Dediquem-se uns aos outros com amor fraternal. Prefiram dar honra aos outros mais do que a vocês.” A vida em comunidade é uma parte essencial do crescimento espiritual, e o amor é o vínculo que une os membros do corpo de Cristo. Os meninos devem ser incentivados a praticar o amor fraternal, participando ativamente da vida da igreja e buscando formas de apoiar e encorajar seus irmãos em Cristo.

Além disso, o amor ao próximo reflete o amor de Deus ao mundo. Jesus disse que o amor seria o sinal de que somos Seus discípulos: "Com isso todos saberão que vocês são meus discípulos, se vocês se amarem uns aos outros" (João 13:35). Quando os meninos vivem em amor, eles estão testemunhando ao mundo o poder e a presença de Deus em suas vidas.

Por fim, o amor ao próximo traz alegria e satisfação. Atos 20:35 nos lembra das palavras de Jesus: "É mais bem-aventurado dar do que receber." Quando amamos e servimos aos outros, experimentamos a alegria de participar do plano de Deus para abençoar o mundo ao nosso redor. Esse amor transforma não apenas aqueles que recebem, mas também aqueles que dão.

Que os meninos aprendam a viver o amor ao próximo em suas vidas diárias, seguindo o exemplo de Cristo e refletindo o coração de Deus em todas as suas interações.

Capítulo 2
Integridade e honestidade

Versículo-chave: "O Senhor odeia os lábios mentirosos, mas se deleita com os que falam a verdade."
— (Provérbios 12:22)

Integridade e honestidade são pilares de uma vida cristã autêntica e uma base sólida para o caráter de qualquer pessoa. A Bíblia é clara ao ensinar que Deus valoriza a verdade e abomina a mentira. Os meninos precisam entender que viver com integridade significa ser verdadeiro e honesto em todas as situações, mesmo quando ninguém está olhando. A integridade não é apenas uma questão de moralidade, mas uma expressão de nossa fé e obediência a Deus.

Um exemplo poderoso de integridade na Bíblia é Daniel. Mesmo vivendo em uma cultura estrangeira e sob pressão para se conformar com os costumes babilônicos, Daniel permaneceu fiel a Deus e agiu com integridade em todas as situações. Sua honestidade e fidelidade o tornaram um exemplo de liderança, e

Deus o honrou por sua obediência (Daniel 6). Daniel nos ensina que, mesmo em meio a desafios e tentações, a integridade sempre vale a pena.

A integridade envolve ser honesto em nossas palavras. Tiago 5:12 nos adverte: "Seja o 'sim' de vocês, sim, e o 'não', não, para que não caiam em condenação." Isso significa que devemos ser confiáveis e verdadeiros em tudo o que dizemos. A mentira e a desonestidade podem trazer consequências devastadoras para os relacionamentos e a confiança. Os meninos devem aprender que a honestidade é a base para construir relações saudáveis e que a confiança é um tesouro que não deve ser desperdiçado.

Além de nossas palavras, a integridade se reflete em nossas ações. Colossenses 3:23 nos instrui a trabalhar "de todo o coração, como para o Senhor, e não para os homens." Quando vivemos com integridade, fazemos o que é certo, mesmo quando não há reconhecimento ou recompensa. Um menino íntegro age com honestidade em seus estudos, responsabilidades e amizades, sabendo que Deus vê e recompensa aqueles que vivem com retidão.

A integridade também está ligada ao respeito pelas leis e pelos outros. Romanos 13:1 nos lembra que "não há autoridade que não venha de Deus, e as que existem foram instituídas por ele." Respeitar as autoridades, cumprir as regras e agir com justiça são formas de demonstrar nossa obediência a Deus. Os meninos precisam entender que viver com integridade inclui ser um cidadão responsável e respeitar as leis que foram estabelecidas.

Além disso, a integridade é um reflexo do nosso relacionamento com Deus. Provérbios 11:3 nos ensina que "a integridade dos justos os guia." Quando vivemos de acordo com os princípios de Deus, somos guiados pela Sua sabedoria e protegidos de muitas armadilhas do pecado. A integridade nos ajuda a evitar a corrupção e o comprometimento de nossos valores, nos mantendo no caminho que Deus planejou para nós.

Ser íntegro também significa admitir nossos erros. Quando falhamos ou pecamos, a integridade nos leva a confessar nossas falhas e a buscar perdão. 1 João 1:9 nos garante que, se confessarmos nossos pecados, Deus é fiel e justo para nos perdoar. Os meninos devem aprender que a integridade envolve a disposição de corrigir os erros e de viver de maneira transparente diante de Deus e dos outros.

Por fim, a integridade e a honestidade trazem paz e confiança. Quando vivemos com integridade, não precisamos temer ser descobertos ou viver com culpa. Provérbios 10:9 nos diz: "Quem anda com integridade anda com segurança, mas quem segue por caminhos tortuosos será descoberto." A honestidade nos dá liberdade para viver sem medo e com a confiança de que estamos agradando a Deus.

Que os meninos aprendam a valorizar a integridade e a honestidade em todas as áreas de suas vidas, sabendo que essas virtudes refletem o caráter de Cristo e trazem bênçãos duradouras.

Capítulo 3
Responsabilidade e compromisso

Versículo-chave: "Quem é fiel no pouco, também é fiel no muito, e quem é desonesto no pouco, também é desonesto no muito."
— (Lucas 16:10)

A responsabilidade e o compromisso são aspectos cruciais para o crescimento pessoal e espiritual de um menino. A Bíblia nos ensina que Deus valoriza aqueles que são fiéis em suas responsabilidades, mesmo nas pequenas coisas. A vida cristã é marcada pela fidelidade em cumprir os compromissos e pela responsabilidade em administrar bem tudo o que Deus nos confiou — sejam nossos talentos, nosso tempo, nossas finanças ou nossos relacionamentos. Os meninos precisam entender que viver de maneira responsável é uma forma de honrar a Deus.

Jesus nos ensinou a importância da responsabilidade na parábola dos talentos (Mateus 25:14-30). Nessa história, os servos que foram fiéis e responsáveis com o que lhes foi confiado foram recompensados, enquanto o servo negligente foi repreendido. Isso nos mostra que Deus espera que sejamos diligentes e comprometidos com as responsabilidades que Ele nos dá, e que nossa fidelidade nos levará a maiores oportunidades de servir.

A responsabilidade começa em coisas simples. Os meninos devem aprender a cumprir suas promessas e a realizar suas tarefas, sejam elas na escola, em casa ou na igreja. Colossenses 3:23 nos lembra: "Tudo o que fizerem, façam de todo o coração, como para o Senhor, e não para os homens." Mesmo nas menores tarefas, devemos ser fiéis e diligentes, sabendo que estamos servindo a Deus em tudo o que fazemos.

O compromisso também é uma parte importante da responsabilidade. Quando assumimos um compromisso, devemos cumpri-lo com seriedade. Tiago 5:12 nos exorta a sermos pessoas de palavra, cumprindo o que prometemos. Os meninos precisam aprender que, quando se comprometem com algo, seja um projeto, um relacionamento ou um trabalho, eles devem ser fiéis até o fim, honrando seus compromissos.

Além disso, a responsabilidade inclui o cuidado com os recursos que Deus nos deu. Isso envolve a administração sábia do tempo, das finanças e das oportunidades. Em 1 Coríntios 4:2, lemos: "O que se requer destes encarregados é que sejam fiéis." Deus nos confiou muitas coisas, e espera que sejamos bons mordomos delas. Os meninos devem ser ensinados a valorizar e cuidar bem do que têm, evitando o desperdício e a preguiça.

A responsabilidade também se manifesta no cuidado com os outros. Gálatas 6:2 nos chama a "carregar os fardos uns dos outros." Isso significa que devemos ser responsáveis por ajudar e apoiar aqueles ao nosso redor. Quando um menino aprende a ser responsável, ele também aprende a cuidar das necessidades dos outros e a ser um amigo e irmão fiel em Cristo.

Ser responsável também implica em aprender a lidar com as consequências de nossas escolhas. Quando fazemos escolhas irresponsáveis, devemos estar dispostos a admitir nossos erros e a corrigir o curso. Os meninos precisam entender que cada decisão traz consequências, e que a responsabilidade envolve assumir a responsabilidade por essas decisões e aprender com elas.

Por fim, a responsabilidade e o compromisso trazem crescimento espiritual. Quando somos fiéis no que Deus nos confia, Ele nos dá mais oportunidades de servi-Lo e de impactar o mundo ao nosso redor. Lucas 16:10 nos ensina que "quem é fiel no pouco, também é fiel no muito." Quando somos responsáveis nas pequenas coisas, Deus nos capacita para responsabilidades maiores e nos abençoa por nossa fidelidade.

Que os meninos aprendam a viver com responsabilidade e compromisso, sabendo que essas virtudes refletem o caráter de Cristo e os capacitam a cumprir o propósito de Deus em suas vidas.

CONCLUSÃO

Ao longo deste livro, exploramos temas essenciais para o crescimento e o desenvolvimento de meninos à luz dos princípios bíblicos. Cada capítulo foi cuidadosamente elaborado para abordar áreas fundamentais da vida de um menino, destacando o valor da fé, do caráter, da responsabilidade e do amor ao próximo. Nossa esperança é que este livro sirva como uma ferramenta para pais, educadores e líderes espirituais que buscam ensinar e guiar os meninos de acordo com a Palavra de Deus, preparando-os para uma vida de integridade, coragem e serviço ao Senhor.

Vivemos em tempos desafiadores, em que as vozes do mundo tentam distorcer os valores divinos e afastar os meninos do propósito que Deus tem para eles. No entanto, Deus nos chama a sermos firmes e a ensinarmos nossos filhos no caminho em que devem andar (Provérbios 22:6). Por meio dos ensinamentos aqui apresentados, esperamos que meninos sejam fortalecidos em sua identidade em Cristo, aprendam a viver de maneira sábia e piedosa, e sejam moldados pela verdade eterna das Escrituras.

Cada tema abordado — desde a importância da fé e da oração até a necessidade de liderança humilde e integridade — tem como objetivo mostrar que a vida cristã é uma trajetória de contínuo crescimento e amadurecimento. Os exemplos bíblicos que citamos ao longo do livro ilustram que, independentemente das circunstâncias, Deus está sempre presente, guiando e capacitando aqueles que confiam Nele.

Este livro é, acima de tudo, um convite para que os meninos vivam com propósito. Em um mundo que oferece distrações e caminhos fáceis, é crucial que eles entendam que foram criados por Deus, com um propósito único e especial. Que cada um descubra sua verdadeira vocação em Cristo e, por meio da Palavra de Deus, encontre a direção para enfrentar os desafios da vida com fé e determinação.

Nossa oração é que os meninos que lerem este livro, ou que forem ensinados com base em seus princípios, se tornem homens de Deus, firmes na fé, prontos para servir e dispostos a viver de acordo com os valores do Reino. Que eles possam ser uma luz brilhante em meio à escuridão, um testemunho vivo do poder transformador de Deus.

Que este livro continue a impactar gerações, preparando meninos para se tornarem líderes, servos e discípulos de Cristo, para a glória de Deus.

Amém.